THE

TENTH AND TWELFTH BOOKS OF THE

INSTITUTIONS

OF

QUINTILIAN.

WITH EXPLANATORY NOTES.

BY

HENRY S. FRIEZE,

PROFESSOR OF LATIN IN THE STATE UNIVERSITY OF MICHIGAN.

NEW YORK:
D. APPLETON AND COMPANY,
549 & 551 BROADWAY.
1876.

PREFACE.

We learn from Professor Bonnell, in the preface to his second edition of the tenth book of "the Institutions," that Quintilian has been of late years extensively introduced into the German schools. The occasion of the increased attention given to this great master both of Latinity and of the rhetorical art is the admirable fitness of his work to impart instruction at once by precept and example. While no writer after Cicero presents a more perfect model of purity and elegance, no author, not even Cicero himself, teaches in a manner so clear, so methodical, and so practical, the principles of composition and oratory. The study of Quintilian, therefore, affords a rare opportunity of combining what is more immediately, with what is more remotely, useful; of getting knowledge which has a direct bearing on professional life, and of attaining a higher scholarship in the Latin language.

In the *gymnasia*, at least in many of them, this study has found a place in the first or highest classes (the *Primaner*); the members of which, so far as relates to classical studies, are in a position corresponding very nearly to that of the "Seniors," or "Juniors," in our best universities and colleges.

Feeling the need of a Latin text-book for the Junior class somewhat different from any hitherto introduced into that part of our course, I was led by the example of the German schools,—an authority which in this day no classical teacher can question,—to make trial of Quintilian.

The experience of two years has shown not only that this author can be read with the advantages above suggested, but also that classes are better prepared by this study to take up the more peculiar and more difficult writers of "the silver age," and especially Tacitus. The gulf, if I may so express it, between the Latinity of Livy and Tacitus, or between that of the *golden* and *silver* ages, is in a manner bridged over by what may be called the intermediate, or transition style of Quintilian. For while in the general principles of taste, while in simplicity, naturalness, and directness, he follows the models of the former age, he necessarily uses the diction, and falls in with the idioms, of his own time.

In the absence of any edition of Quintilian adapted to the wants of American students, the editor has selected for publication the Tenth and Twelfth Books, and appended such explanatory and critical notes as seemed most needed. The interest and importance of the topics discussed in these two books will sufficiently explain why these have been selected in preference to any others. That the student may readily learn their character, I have prefixed to the notes on each chapter a summary of the principal ideas embraced therein.

Whatever merit the present edition may possess, either in the text or the notes, is chiefly due to the labors of those German scholars who have for so many years devoted themselves to the clearing up of doubtful points both in the text and the interpretation of this author. The most elaborate and most valuable edition of Quintilian which has yet appeared is that published at Leipsic in six volumes, commenced by Spalding and completed by Zumpt. The first volume of this edition was printed in 1795, and the sixth in 1834; the latter edited by Bonnell. Professor Bonnell has also published a very perfect edition of the text in the Teubner series of classics, besides a separate edition of the Tenth Book with German notes. These eminent scholars, gathering up, and by their own researches greatly enriching all that had been previously accomplished in this work, have left little further to be desired in the elucidation of Quintilian.

The text here given departs but slightly from that of Bonnell above mentioned. The chief difference is in the punctuation; though even here the variation is but trifling. One characteristic, the separation of a *protasis* from its *apodosis* by a colon instead of a comma, I have uniformly retained; because, though it may at first strike the eye as strange, it is strictly correct. The same peculiarity will be found in my edition of the Aeneid.

Some few other deviations from the ordinary orthography of Latin books printed in our country will be readily detected, and doubtless have already become familiar through the constantly increasing use of German editions of the classics.

H. S. Frieze.

University of Michigan, *June*, 1865.

INTRODUCTION.

Most of the representative writers of the so-called silver age were natives of Spain. Cordova gave birth to the two Senecas * and Lucan. Pomponius Mela was from Cingitera, Martial from Bilbilis, Columella from Cadiz, and Quintilian from Calagurris. That so many distinguished authors, each at that period first in his class, should make their appearance in a country but just now peopled with warlike barbarians, indicates a change in national character and pursuits, such as only Roman conquerors and Roman laws could have produced. Indeed, the Iberians, or Spaniards, though the most obstinate of all the foreign tribes ever encountered by the Roman armies, and the most difficult to subdue, were, after their subjugation, imbued more rapidly and more thoroughly than any other European nations with the manners and civilization of their new masters. The elder Seneca, even in the time of Horace, migrated from Cordova to Rome, and there took a high position as a teacher of rhetoric. And it was not without reason that the poet spoke of the Spaniard, even then, as the *peritus Iber.* † Nor is the tradition without significance which tells of a Spanish scholar of Cadiz making a pilgrimage to Rome on purpose to see the historian Livy. ‡ Such incidents shadow forth the fact that the literary cultivation of the Romans had already permeated the Spanish provinces; and there is good reason for the remark of Mr. Merivale, that "the great Iberian peninsula was more thoroughly Romanized than any other part of the dominions of the republic." §

* The elder Seneca, M. Annaeus, is properly assigned to the post-Augustan, or silver age, as his writings were published in the reign of Tiberius, though he also flourished as a teacher under Augustus.

† O. 2, 20, 19 sq. ‡ Plin. Ep. 2, 8.

§ Merivale's History of the Romans under the Empire.

In return for the boon of civilization Spain reared a noble succession of scholars and writers to infuse new vigor into the thought and the literary life of the mother country. As the conquered Italians* two centuries earlier had given to Roman literature its first impulses, and had impressed upon the Latinity of the golden age its characteristic types, so now the provincials of Spain became the teachers of the great metropolis, and imparted to the literature of the silver age all the principal features of thought and style which distinguished it from that of the preceding period.

Two of these Spanish authors, the two most widely known and most universally read, were Seneca, the younger, and Quintilian. And it is worthy of remark that with these two illustrious writers originated the two antagonistic schools or styles of Latinity which were struggling with each other for preëminence during the latter part of the first century of the empire. Marcus Fabius Quintilianus was born at Calagurris, now Calahorra, in the north-eastern or Tarraconese province of Spain, about A.D. 35.† It is said, though on doubtful authority, that the father of Quintilian was a successful orator and teacher of rhetoric. At an early age Quintilian accompanied his father to Rome and was placed under the charge of Domitius Afer, a native of Gaul. Afer was one of the most eminent of the Roman orators then living, and was far advanced in life. After his death, which took place about A.D. 60, Quintilian returned to his native city, and commenced his professional life as a legal advocate and teacher of rhetoric. It was then that his reputation and singular merit attracted the notice of Galba, who was at that time governor of Spain, and who soon afterwards, on his accession to the imperial throne (A.D. 68), invited the young and brilliant orator to accompany him to Rome. Quintilian entered the city in the train of the new emperor, and henceforth made Rome the permanent seat of his professional labor. He at once gained applause both as an advocate and lecturer. His success and his fame were unexampled. Students flocked to Rome from Italy and from distant provinces to receive his instructions. The first year of Quintilian's residence in Rome was marked by a rapid series of political revolutions, terminating in the overthrow of

* Nearly all the fathers of Roman literature, especially the early poets, were Italians rather than Romans.

† Others give the date 40 or 42.

Vitellius, and the rise of Vespasian and the Flavian family. We now hear, for the first time in the history of Roman education, of government patronage extended on a general and systematic plan to teachers and men of letters. Vespasian, though himself illiterate, convinced of the importance of encouraging education throughout the vast dominions which had fallen under his sway, established annual salaries for the support of rhetoricians and grammarians in Italy and the provinces. Quintilian was the first to whom such a pension was assigned. He was afterwards appointed instructor to the members of the Flavian house, and, as the crowning act of the imperial favor, he was invested by Domitian with the dignity of the consulship.

Twenty years were thus devoted, under the happiest auspices, to the instruction of youth and to the duties of the advocate. At the expiration of this period, following out the precept which he has expressed in the Institutions, that the orator should withdraw from public life before he begins to be inferior to himself,* he retired from the bar and from the lecture-room, and gave himself thenceforth to the composition of his rhetorical works.

Though Quintilian had been so fortunate in his public career, he was not exempt from the trials and misfortunes of life. At the beginning of the sixth book of the Institutions he speaks of the loss of his wife, who had died young, and of the recent death of his two sons, both of whom had given high promise. We learn from this passage that the elder and last surviving of these sons died when the work was already nearly half completed, and, indeed, that it had been undertaken partly with reference to his education. But, like Cicero, he sought in literary labor a solace for affliction. Alluding to Cicero's example, he says: *credendum doctissimis hominibus qui unicum adversorum solatium literas putaverunt.* †

He lived to an advanced age, and is supposed to have died about the year 118 of our era, at the beginning of the reign of Hadrian.

Of the works of Quintilian the *Institutio Oratoria*, or *Education of the Orator*, is the only one which has been preserved. Two other works are ascribed to him, though on insufficient grounds. One of these is a collection of declamations, some of

* Inst. Orat. 12, 11, 1: *decet hoc prospicere nequid pejus quam fecerit, faciat*

† Inst. Orat. 6, proem. 14.

which are elaborate, most of them, however, merely sketches or studies, and few of them bearing any resemblance to the writings of Quintilian. The other is the elegant treatise entitled *Dialogus de Oratoribus*, usually published with the works of Tacitus, and now generally conceded by critics to be from the pen of that author.*

The only work besides the Institutions known to have been published by Quintilian, is mentioned by our author himself in the following sentence at the end of the eighth book: *Sed de hoc satis, quia eundem locum plenius in eo libro, quo caussas corruptae eloquentiae reddebamus, tractavimus.* The words *sive caussas corruptae eloquentiae* have sometimes been appended to the title of the above-mentioned Dialogue *de Oratoribus*, on the supposition that this is the work referred to by Quintilian. But this theory is sufficiently disproved by the one argument, that the Dialogue does not treat of the *locum* or *topic* discussed by Quintilian in the last part of the eighth book. †

The Institutio Oratoria is an invaluable contribution both to polite literature and to liberal education. It is not in any sense a rival of the rhetorical works of Cicero. These, at least the best of them, were designed for the entertainment, perhaps for the more perfect finish, of such as had already attained a position as public speakers. But the book of Quintilian is a practical guide for the young man who is passing through the course of preliminary training for public life. It gathers up within comparatively narrow limits, and adapts to the purposes of instruction, the principles and doctrines widely diffused through the rhetorical writings of Aristotle, Theophrastus, Dionysius, and Cicero. A didactic treatise, like this, must be characterized by simplicity of method, precision of statement, and fulness of detail. It must not presuppose in the reader, as do the finest works of Cicero, a high degree of culture in philosophy and letters already attained. In the Institutions, therefore, we shall not look for that originality, ‡ that breadth, that freedom of digression, and that noble negligence, which distinguish the *de*

* See the excellent introduction to Nipperdey's edition of Tacitus; where the difference between the style of the "Dialogue" and that of the other works of Tacitus is satisfactorily accounted for.

† The various arguments are summed up in the note on this passage by Capperonarius.

‡ Quintilian says of Cicero: *Non enim pluvias, ut ait Pindarus, aquas colligit, sed vivo gurgite exundat.*

Oratore, the *Brutus*, and the *Orator*. But in its kind the book of Quintilian yet seeks an equal.

It aims to present a proper idea of the responsibility and dignity of the orator's work. The preparation it proposes for this high office commences almost from the cradle. It takes into view the moral and intellectual culture of the child as well as that of the youth, and upon this earlier education of the nursery and the elementary school, it rears the more immediate and technical education of the professional school and the forum. It unfolds in a distinct and practical manner every principle pertaining either to the matter or to the form of oratory, and sets forth every rule of conduct essential to success and reputation.

The Institutions are comprised in twelve books. The whole work is commonly entitled *de Institutione Oratoria Libri* xii. The topics discussed in the several books are briefly stated by the author in the introduction.* The first book gives an account of the home training and the school discipline which should precede the lessons of the rhetorician; *ea quae sunt ante officium rhetoris*. The second book treats of the primary exercises of the pupil in rhetoric; *prima apud rhetorem elementa*, and of the nature and object, and the utility and dignity of the rhetorical art; *quae de ipsa rhetoricae substantia quaeruntur*. The remaining books, except the last, are devoted to the five topics embraced in every complete system of rhetoric, the *partes rhetoricae* of Cicero, *invention*, *disposition* or *arrangement*, *composition*, *memory*, and *delivery*.† The discussion of *invention* and *arrangement* closes with the seventh book. The next four books are occupied chiefly with the subject of *style;* due attention, however, being given to *memory* and *delivery*.

In the twelfth and last book the author presents his views of the character which should be maintained by the orator; what principles should govern him in assuming, investigating, and pleading causes, what should be his style of eloquence, at what period of life he should retire from his work, and how spend the evening of his days; *qui mores ejus, quae in suscipiendis, discendis, agendis causis ratio, quod eloquentiae genus, quis agendi debeat esse finis, quae post finem studia.* This he regards as the most important, and at the same time the most adventurous part of his

* *Prooemium*, 21.

† Cic. *de Inventione*, 1, 7, 9: *inventio, dispositio, elocutio, memoria, pronunciatio* (vel *actio*).

work. It opens a wide and almost unexplored region. *Unum modo in illa immensa vastitate cernere videmur Marcum Tullium.* And even Marcus Tullius has limited himself to a single one of these topics; the kind of eloquence to be preferred by a perfect orator.* But Quintilian ventures to add also, as a no less vital element of the orator's education, some observations on the personal morals, the responsibilities, duties, and proprieties pertaining to the whole life of the public speaker. *At nostra temeritas etiam mores ei conabitur dare, et assignabit officia.* His orator must realize the definition of Cato, *vir bonus dicendi peritus.*

Such is the substance of the only extant work of Quintilian; a work deservedly eminent as a summary of all that was taught and practised in the eloquence of the ancient republics, and as itself a model of classical purity and beauty.

Quintilian as an author has been remarkably fortunate. No writer ever found a public better prepared to appreciate and applaud. He had stood before the Roman world for twenty years, at once the most perfect teacher and pattern of eloquence. His hearers had copied, and circulated here and there in Italy and the provinces, occasional specimens of his lectures. When it was known that he was himself writing a book which was to embody in an enduring form the rich stores of his learning and experience, all students as well as teachers of oratory looked impatiently for its appearance. It was greeted, of course, with universal applause. The Institutions of Quintilian became at once in oratory what the codes and pandects afterwards became in law. The book was admirably fitted to meet the wants of the day. Public speaking was still, in the silver age, even as in the republican period, one of the most earnest and highest occupations of the Roman citizen; and it was still one of the surest avenues to honor and wealth. The sphere of eloquence, indeed, was now confined to the senate and the civil courts. Those great popular assemblies which had once quickened the orator to his grandest efforts, had been long ago wholly suppressed. But the occasions for speaking were no fewer, though less stirring, and grandeur and pathos were now and then called for even in the centumviral courts and in the sessions of the pompous, though servile senate. It is needless, therefore, to say that all liberal education culminated in oratory, and that educators and students found in the practical character of the Institutions exactly what

* Cic. Orat. 1, 3: *quaeris quod eloquentiae genus probem maxime.*

was needed to perfect their training according to this Roman theory of culture. Thus it happened, in consequence of the prestige of the author's reputation, and the adaptation of the treatise to the wants of the public, that he eclipsed in the minds of his contemporaries all who had written before him on the same subject. The result was that the rhetorical treatises of Cicero were but little read, and those of the Greeks almost never.

Nor has the work been less fortunate in subsequent times. Its reputation was preserved through the middle ages, and though the manuscripts had gradually disappeared, or become mutilated,* so that in the time of Petrarch only imperfect copies were in use; it happened that the Florentine scholar, Poggio, while attending the council of Constance in 1417, discovered a perfect exemplar of the Institutions in an old tower of the monastery of St. Gall. The recovered treasure was eagerly caught up by the scholars of the Renaissance. It was multiplied in manuscript, and soon afterwards by the newly invented art of printing. It was translated into all the polite languages; and so it continued to be, as in the silver age, the normal law of eloquence.

Though the position which Quintilian has gained in the literary world by this happy combination of circumstances is perhaps higher than that which would be awarded by the verdict of an exact and candid criticism, yet we can scarcely overestimate the actual worth of his treatise, and the benefits which modern as well as ancient eloquence has derived from its study. His true position, as compared with that of Cicero, is thus happily stated by Campanus: *Proinde de Quintiliano sic habe: post unam beatissimam et unicam felicitatem M. Tullii, quae* FASTIGII LOCO *suspicienda est omnibus et tanquam adoranda,* HUNC UNUM *esse quem praecipuum habere possis* IN ELOQUENTIA DUCEM.

A notice of Quintilian would be incomplete without some account of the influence of his criticism upon the writings of his age. It was the principal aim of his public instructions to reform the corrupted eloquence of his contemporaries, and to bring back a purer style of Latinity.

In the century which had elapsed between Cicero and Quintilian, Rome had been thoroughly transformed from an aristocratic republic to a military autocracy. During the same inter-

* *Is* (Quintilianus) *vero apud nos antea* (*Italos dico*) *ita laceratus erat, ita circumcisus, ut nulla forma, nullus habitus hominis in eo recognosceretur.—Poggio's Letter to Guarini.*

val the manners of the higher classes had become effeminate, artificial, and depraved. This political revolution and social degeneracy had been attended by a change equally marked in the style of Roman eloquence. The language both of orators and writers was now characterized by showy declamation, rhetorical parade, and by much of that quality which is now styled sensationalism. The reading public relished in books something kindred to the artificial dishes contrived by the surfeited Roman nobility to quicken their pampered appetites. Everything must strike and stimulate. They craved only that kind of reading which was stuffed with novel ideas and spiced with antithesis and epigrammatic point. That chaste and elegant style which had been brought by the writers of the golden age to the highest pitch of richness and beauty, "the style which leaves the thought to its direct and natural development, adorning it only with wealth of expression, and with the lofty movement of the period, which is everywhere marked by symmetry and harmony," * the style of Cicero and Livy, had become too commonplace for the ambitious authors, and too tame for the sensual readers of the imperial times.

The literary Apicius who ministered most acceptably to this morbid craving for sensational writing was Lucius Annaeus Seneca. This truly great thinker, and noble and almost inspired moralist, was led as much, perhaps, by an innate love for boldness of expression, as by the desire of pleasing his contemporaries, to clothe his ideas in the fashionable dress. Certainly no writer cultivated this manner to greater perfection, or used it with a keener relish or more telling effect. It had only needed the sanction and example of a master-mind to impress it thoroughly on the literature of the period, and to make it supplant, for a time at least, the Latinity of the classical age. Such high authority it found in Seneca. If philosophy, and that too of the Stoic school,—for Seneca, though disclaiming to represent any school, was nevertheless substantially a Stoic,—could clothe its moral lessons in the most brilliant and studied forms of rhetoric, it followed that history and memoirs, and all writings of the epideictic class, should be not less adorned. All prose literature, therefore, now abounded in showy passages, adapted to quotation, in forms caught from the earlier poets, and in new and striking phrases. Even poetry was declamation in verse, and

* Nipperdey.

oratory, of course, was set off with the stilted and foppish rhetoric of the schools. Susceptibility of quotation was the test of excellence. The youth pursuing his literary studies at Rome, eagerly caught up "fine sentences" from popular orators and lecturers. He wished to carry home something brilliant and deserving of memory. Such things as pleased his fancy he often transmitted to his friends in the colonies and provinces.* This demand the speakers were ambitious to meet.

Thus at the time of Quintilian's final settlement in Rome he found every department of letters pervaded with all possible enormities of corrupted taste. Seneca had taught the philosopher to declaim in moral essays. Valerius had declaimed in historical anecdotes, and Lucan in epic poetry. Even natural history and geography were composed in the declamatory vein. Every writer sought to appear ingenious, keen, and oracular. Abruptness, obscurity, affectation, uniform brilliancy, bombast, extravagance, every vice of a depraved taste, was rife in the publications of the day.

Fortunately for Quintilian, in his attempt at reform he was not compelled to encounter the living influence of Seneca. The tragic death of that eminent philosopher had occurred three years before. Another circumstance which favored Quintilian was the marked change in the tone of feeling and in the habits of the Romans brought about by the accession of the Flavian family to the empire. The people were sobered, and social life was less ostentatious and artificial. A corrected judgment in respect to the fashions of society might be expected to heed the teachings of sound criticism in letters. Thus Quintilian, superior as he was in gifts and attainments to most of the literary men then living, surrounded by a multitude of devoted pupils from families of influence in Italy and the provinces, respected and befriended by the imperial court, must have entered upon his labor of love with the strongest assurance of success.

He did not intend, and could not hope, to bring back the Latinity of the Ciceronian age in all its characteristic features. It is not in the power of criticism to make the language of one generation precisely like that of generations past.† Quintilian could have no more reproduced Cicero in his own writings,

* See the Dialogue de Orat. 20.

† Cicero says of the archaic writers: *Imitari neque possim si velim, nec velim, ortasse, si possim.* Brut. 83, 28.

except as a literary curiosity, than Macaulay could have adapted to our times the prose style of Milton. His aim was simply to induce the writers of his day to employ the existing materials of the language according to the immutable laws of taste. His purpose is thus distinctly expressed in the tenth book: I am striving to call back the style of eloquence, corrupted and vitiated by every fault, to severer standards.*

In the style of the Institutions, composed in the full maturity of his powers, and in the perfect development of his judgment, he has fully exemplified all that he aimed throughout his professional life to enforce by precept.

We can plainly see the happy influence of Quintilian's earnest teachings in the Latin works which appeared while he was still engaged in public lecturing, as well as in some of those which were published after he had retired from professional life. It is most apparent in the Dialogue concerning Orators, and in the letters of the younger Pliny. The latter was a pupil of Quintilian, and ever remained his warm admirer and fast friend. His letters, indeed, indicate the man of refinement rather than of power, but as specimens of epistolary composition, apart from their historical value, they are deservedly ranked among the best of ancient times. The Dialogue on Orators, ascribed to Tacitus, is the most finished work in Latin written subsequent to the golden age, and will bear comparison even with the most perfect productions of that period. "There is no Latin book," says M. Pierron, "I do not except even the finest books of Cicero, to which the reader is held with a livelier interest. We learn much from it, and we meet, not here and there, but on every page, and in almost every line, those marks of genius, thoughts, images, expressions, which prove that the author had some reason for affirming that, after the heroes of ancient literature, new heroes could still arise." †

Tacitus and the younger Pliny were associated together in the minds of their contemporaries as the two most accomplished and most eloquent of the Roman senators, and there can be no doubt that the bosom friend of Pliny was an admirer, if not a pupil, of Quintilian. At any rate the influence of Quintilian must have been felt by Tacitus, and cannot have failed to give

* *Corruptum et omnibus vitiis fractum dicendi genus revocare ad severiora judicia contendo.* X. 125.

† Pierron, Histoire de la lit. rom. p. 564.

direction to his earlier literary productions. The two most perfect orators, therefore, and the two best prosaists of the century, excepting Quintilian himself, may be fairly regarded as the exponents of his teaching and criticism. And besides this we may justly ascribe to his efforts much of the more chastened character, and of the greater subordination of the language to the thought, which in general mark the prose style of Latin in the period of Trajan and Hadrian. In fine, the results of the critical labors of Quintilian are clearly traceable in the body of Roman literature, both secular and sacred, which appeared during and after his life, and in the laws of taste which have impressed themselves upon the writings and upon the eloquence of modern times.

M. FABII QUINTILIANI

DE

INSTITUTIONE ORATORIA.

LIBER DECIMUS.

Libro decimo haec continentur: De copia verborum. Quae legenda. Qui Graecorum maxime legendi. Qui Romanorum. De imitatione. Quomodo scribendum. Quomodo emendandum. Quae maxime scribenda. De cogitatione. Quomodo extemporalis facilitas paretur et contineatur.

DE COPIA VERBORUM.

I. Sed haec eloquendi praecepta, sicut cognitioni sunt necessaria, ita non satis ad vim dicendi valent, nisi illis firma quaedam facilitas, quae apud Graecos ἕξις nominatur, accesserit; ad quam scribendo plus an legendo an dicendo conferatur, solere quaeri scio. Quod esset diligenti nobis examinandum cura, si qualibet earum rerum possemus una esse contenti. Verum 2
ita sunt inter se connexa et indiscreta omnia, ut, si quid ex his defuerit, frustra sit in ceteris laboratum. Nam neque solida atque robusta fuerit unquam eloquentia, nisi multo stilo vires acceperit; et citra lectionis exemplum labor ille carens rectore fluit. Qui autem sciet, quae, quoque sint modo dicenda, nisi tamen in procinctu paratamque ad omnes casus habuerit eloquentiam, velut clausis thesauris incubabit. Non autem ut quid- 3
que praecipue necessarium est, sic ad efficiendum oratorem maximi protinus erit momenti. Nam certe cum sit in eloquendo positum oratoris officium, dicere ante

omnia est, atque hinc initium eius artis fuisse manifestum est; proximam deinde imitationem, novissimam
4 scribendi quoque diligentiam. Sed ut perveniri ad
summa nisi ex principiis non potest: ita procedente iam
opere minima incipiunt esse quae prima sunt. Verum
nos non, quomodo instituendus orator, hoc loco dicimus;
nam id quidem aut satis aut certe uti potuimus dictum
est; sed athleta, qui omnes iam perdidicerit a praecep-
tore numeros, quo genere exercitationis ad certamina
praeparandus sit. Igitur eum, qui res invenire et disponere sciet, verba quoque et eligendi et collocandi
rationem perceperit, instruamus, qua ratione, quod
didicerit, facere quam optime, quam facillime possit.

5 Num ergo dubium est, quin ei velut opes sint quaedam parandae, quibus uti, ubicunque desideratum erit,
possit? Eae constant *copia rerum ac verborum.*
6 Sed res propriae sunt cuiusque causae, aut paucis communes, verba in universas paranda; quae si in rebus singulis essent singula, minorem curam postularent, nam
cuncta sese cum ipsis protinus rebus offerrent. Sed cum
sint aliis alia aut magis propria aut magis ornata aut plus
efficientia aut melius sonantia: debent esse non solum
nota omnia sed in promptu atque, ut ita dicam, in conspectu, ut, cum se iudicio dicentis ostenderint, facilis ex
7 his optimorum sit electio. Et quae idem significarent
solitos scio ediscere, quo facilius et occurreret unum ex
pluribus, et, cum essent usi aliquo, si breve intra spatium rursus desideraretur, effugiendae repetitionis
gratia sumerent aliud, quo idem intelligi posset. Quod
cum est puerile et cuiusdam infelicis operae tum etiam
utile parum; turbam enim tantum congregat, ex qua
sine discrimine occupet proximum quodque.

8 Nobis autem copia cum iudicio paranda est vim
orandi non circulatoriam volubilitatem spectantibus.
Id autem consequemur *optima legendo atque
audiendo.* Non enim solum nomina ipsa rerum
cognoscemus hac cura, sed quid quoque loco sit aptis-

simum. Omnibus enim fere verbis praeter pauca, quae 9
sunt parum verecunda, in oratione locus est. Nam
scriptores quidem iamborum veterisque comoediae
etiam in illis saepe laudantur; sed nobis nostrum opus
intueri sat est. Omnia verba, exceptis de quibus dixi,
sunt alicubi optima; nam et humilibus interim et vul-
garibus opus, et quae nitidiore in parte videntur sor-
dida, ubi res poscit, proprie dicuntur. Haec ut sciamus 10
atque eorum non significationem modo sed formas
etiam mensurasque norimus, ut, ubicunque erunt posita,
conveniant, nisi multa lectione atque auditione assequi
nullo modo possumus, cum omnem sermonem auribus
primum accipiamus. Propter quod infantes a mutis
nutricibus iussu regum in solitudine educati, etiamsi
verba quaedam emisisse traduntur, tamen loquendi
facultate caruerint. Sunt autem alia huius naturae, ut 11
idem pluribus vocibus declarent, ita ut nihil significationis, quo potius utaris, intersit, ut *ensis* et *gladius;*
alia vero, quae etiamsi propria rerum aliquarum sint
nomina, τροπικῶς [quasi] tamen ad eundem intellectum
feruntur, ut *ferrum* et *mucro.* Nam per abusionem 12
sicarios etiam omnes vocamus, qui caedem telo quocunque commiserint. Alia circuitu verborum plurium
ostendimus, quale est *Et pressi copia lactis.* Plurima
vero mutatione figuramus: *Scio*, *Non ignoro* et *Non
me fugit* et *Non me praeterit* et *Quis nescit?* et *Nemini dubium est.* Sed etiam ex proximo mutuari libet. 13
Nam et *intelligo* et *sentio* et *video* saepe idem valent
quod *scio.* Quorum nobis ubertatem ac divitias dabit
lectio, ut non solum quomodo occurrent sed etiam quomodo oportet utamur. Non semper enim haec inter 14
se idem faciunt; nec sicut de intellectu animi recte
dixerim *video* ita de visu oculorum *intelligo*, nec ut
mucro gladium sic mucronem *gladius* ostendit. Sed ut 15
copia verborum sic paratur, ita non verborum tantum
gratia legendum vel audiendum est. Nam omnium,
quaecunque docemus, hoc sunt exempla potentiora

etiam ipsis quae traduntur artibus, cum eo qui discit
perductus est, ut intelligere ea sine demonstrante et
sequi iam suis viribus possit, quia, quae doctor praece-
pit, orator ostendit.

16 Alia vero audientes, alia legentes magis adiuvant.
Excitat qui dicit spiritu ipso, nec imagine et ambitu
rerum sed rebus incendit. Vivunt omnia enim et
moventur, excipimusque nova illa velut nascentia cum
favore ac sollicitudine. Nec fortuna modo iudicii sed
17 etiam ipsorum qui orant periculo afficimur. Praeter
haec vox, actio decora, commoda, ut quisque locus
postulabit, pronuntiandi, vel potentissima in dicendo,
ratio et, ut semel dicam, pariter omnia docent. In
lectione certius iudicium, quod audienti frequenter aut
suus cuique favor aut ille laudantium clamor extorquet.
18 Pudet enim dissentire, et velut tacita quadam verecun-
dia inhibemur plus nobis credere, cum interim et
vitiosa pluribus placent, et a corrogatis laudantur
19 etiam quae non placent. Sed e contrario quoque accidit, ut optime dictis gratiam prava iudicia non refe-
rant. Lectio libera est nec actionis impetu transcurrit;
sed repetere saepius licet, sive dubites sive memoriae
affigere velis. Repetamus autem et tractemus, et ut
cibos mansos ac prope liquefactos demittimus, quo
facilius digerantur: ita lectio non cruda sed multa
iteratione mollita et velut confecta memoriae imita-
tionique tradatur.

20 Ac diu nonnisi optimus quisque et qui credentem
sibi minime fallat legendus est, sed diligenter ac paene
ad scribendi sollicitudinem; nec per partes modo
scrutanda omnia, sed perlectus liber utique ex integro
resumendus, praecipue oratio, cuius virtutes frequenter
21 ex industria quoque occultantur. Saepe enim praepa-
rat, dissimulat, insidiatur orator, eaque in prima parte
actionis dicit, quae sunt in summa profutura. Itaque
suo loco minus placent, adhuc nobis quare dicta sint
ignorantibus; ideoque erunt cognitis omnibus repe-

tenda. Illud vero utilissimum, nosse eas causas, qua- 22
rum orationes in manus sumpserimus, et quotiens continget, utrinque habitas legere actiones: ut Demosthenis atque Aeschinis inter se contrarias; et Servii
Sulpicii atque Messalae, quorum alter pro Aufidia, contra dixit alter; et Pollionis et Cassii reo Asprenate
aliasque plurimas. Quin etiam si minus pares vide- 23
buntur: aliquae tamen ad cognoscendam litium quaes-
tionem recte requirentur, ut contra Ciceronis orationes
Tuberonis in Ligarium et Hortensii pro Verre. Quin
etiam, easdem causas ut quisque egerit, utile erit scire.
Nam de domo Ciceronis dixit Calidius, et pro Milone
orationem Brutus exercitationis gratia scripsit, etiamsi
egisse eum Cornelius Celsus falso existimat; et Pollio 24
et Messala defenderunt eosdem, et nobis pueris insignes
pro Voluseno Catulo Domitii Afri, Crispi Passieni,
Decimi Laelii orationes ferebantur. Neque id statim
legenti persuasum sit, omnia, quae optimi auctores
dixerint, utique esse perfecta. Nam et labuntur aliquando et oneri cedunt et indulgent ingeniorum suorum voluptati, nec semper intendunt animum, nonnunquam fatigantur; cum Ciceroni dormitare interim
Demosthenes, Horatio vero etiam Homerus ipse videatur. Summi enim sunt, homines tamen, acciditque his, 25
qui, quidquid apud illos repererunt, dicendi legem putant, ut deteriora imitentur, (id enim est facilius) ac se
abunde similes putent, si vitia magnorum consequantur. Modesto tamen et circumspecto iudicio de tantis 26
viris pronuntiandum est, ne, quod plerisque accidit,
damnent quae non intelligunt. Ac si necesse est in
alteram errare partem: omnia eorum legentibus placere quam multa displicere, maluerim.

Plurimum dicit oratori conferre Theophrastus lec- 27
tionem p o e t a r u m, multique eius iudicium sequuntur;
neque immerito. Namque ab his in rebus spiritus et
in verbis sublimitas et in affectibus motus omnis et in
personis decor petitur, praecipueque velut attrita coti-

diano actu forensi ingenia optime rerum talium blanditia reparantur. Ideoque in hac lectione Cicero re-
28 quiescendum putat. Meminerimus tamen, non per omnia poetas esse oratori sequendos nec libertate verborum nec licentia figurarum; genus ostentationi comparatum, et praeter id, quod solam petit voluptatem eamque etiam fingendo non falsa modo sed etiam quaedam incredibilia sectatur, patrocinio quoque aliquo
29 iuvari: quod alligata ad certam pedum necessitatem non semper uti propriis possit, sed depulsa recta via necessario ad eloquendi quaedam deverticula confugiat, nec mutare quaedam modo verba sed extendere, corripere, convertere, dividere cogatur; nos vero armatos stare in acie et summis de rebus decernere et ad victoriam
30 niti. Neque ergo arma squalere situ ac rubigine velim, sed fulgorem inesse qui terreat, qualis est ferri, quo mens simul visusque praestringitur; non qualis auri argentique, imbellis et potius habenti periculosus.

31 Historia quoque alere oratorem quodam uberi iucundoque suco potest; verum et ipsa sic est legenda, ut sciamus, plerasque eius virtutes oratori esse vitandas. Est enim proxima poetis et quodammodo carmen solutum, et scribitur ad narrandum non ad probandum; totumque opus non ad actum rei pugnamque praesentem sed ad memoriam posteritatis et ingenii famam componitur; ideoque et verbis remotioribus et liberiori-
32 bus figuris narrandi taedium evitat. Itaque, ut dixi, neque illa Sallustiana brevitas, qua nihil apud aures vacuas atque eruditas potest esse perfectius, apud occupatum variis cogitationibus iudicem et saepius ineruditum captanda nobis est; neque illa Livii lactea ubertas satis docebit eum, qui non speciem expositionis
33 sed fidem quaerit. Adde quod M. Tullius ne Thucydidem quidem aut Xenophontem utiles oratori putat, quanquam illum *bellicum canere*, huius ore *Musas esse locutas* existimet. Licet tamen nobis in digressionibus uti vel historico nonnunquam nitore, dum in his, de

quibus erit quaestio, meminerimus, non athletarum
toros sed militum lacertos esse; nec versicolorem illam,
qua Demetrius Phalereus dicebatur uti, vestem bene
ad forensem pulverem facere. Est et alius ex historiis 34
usus et is quidem maximus sed non ad praesentem pertinens locum, ex cognitione rerum exemplorumque,
quibus inprimis instructus esse debet orator, ne omnia
testimonia expectet a litigatore; sed pleraque ex vetustate diligenter sibi cognita sumat, hoc potentiora, quod
ea sola criminibus odii et gratiae vacant.

A philosophorum vero lectione ut essent multa 35
nobis petenda, vitio factum est oratorum, qui quidem
illis optima sui operis parte cesserunt. Nam et de
iustis, honestis, utilibus, iisque quae sint istis contraria,
et de rebus divinis maxime dicunt et argumentantur
acriter; et altercationibus atque interrogationibus oratorem futurum optime Socratici praeparant. Sed his 36
quoque adhibendum est simile iudicium, ut etiam cum
in rebus versemur iisdem, non tamen eandem esse condicionem sciamus litium ac disputationum, fori et auditorii, praeceptorum et periculorum.

Credo exacturos plerosque, cum tantum esse utilitatis 37
in legendo iudicemus, ut id quoque adiungamus
operi, qui sint, quae in auctore quoque praecipua virtus.
Sed persequi singulos infiniti fuerit operis. Quippe 38
cum in Bruto M. Tullius tot milibus versuum de Romanis tantum oratoribus loquatur et tamen de omnibus
aetatis suae, quibuscum vivebat, exceptis Caesare
atque Marcello, silentium egerit: quis erit modus, si et
illos et qui postea fuerunt et Graecos omnes et philosophos? Fuit igitur brevitas illa tutissima, quae apud 39
Livium in epistola ad filium scripta, *legendos Demosthenem atque Ciceronem, tum ita, ut quisque esset
Demostheni et Ciceroni simillimus.* Non est tamen 40
dissimulanda nostri quoque iudicii summa. Paucos
enim vel potius vix ullum ex his qui vetustatem pertulerunt existimo posse reperiri, quin iudicium adhibenti-

bus allaturus sit utilitatis aliquid, cum se Cicero ab
illis quoque vetustissimis auctoribus, ingeniosis quidem
sed arte carentibus, plurimum fateatur adiutum. Nec
41 multo aliud de novis sentio. Quotus enim quisque
inveniri tam demens potest, qui ne minima quidem
alicuius certe fiducia partis memoriam posteritatis
speraverit? Qui si quis est: intra primos statim versus
deprehendetur et citius nos dimittet, quam ut eius nobis
magno temporis detrimento constet experimentum.
42 Sed non quidquid ad aliquam partem scientiae pertinet,
protinus ad faciendam etiam phrasin, de qua loquimur,
accommodatum.

Verum antequam de singulis loquar, pauca in uni-
43 versum de varietate opinionum dicenda sunt. Nam
quidam solos veteres legendos putant neque in ullis
aliis esse naturalem eloquentiam et robur viris dignum
arbitrantur; alios recens haec lascivia deliciaeque et
omnia ad voluptatem multitudinis imperitae composita
44 delectant. Ipsorum etiam qui rectum dicendi genus
sequi volunt alii pressa demum et tenuia et quae mini-
mum ab usu cotidiano recedant, sana et vere Attica
putant; quosdam elatior ingenii vis et magis concitata
et plena spiritus capit; sunt etiam lenis et nitidi et
compositi generis non pauci amatores. De qua differentia disseram diligentius, cum de genere dicendi
quaerendum erit. Interim summatim, quid et a qua
lectione petere possint, qui confirmare facultatem
45 dicendi volent, attingam. Paucos enim (sunt eminen-
tissimi) excerpere in animo est. Facile est autem
studiosis, qui sint his simillimi, iudicare; ne quisquam
queratur, omissos forte, quos ipse valde probet. Fateor
enim plures legendos esse quam qui a me nominabuntur.

Sed nunc genera ipsa lectionum, quae praecipue
convenire intendentibus, ut oratores fiant, existimem,
persequor.

46 Igitur, ut Aratus *ab Iove incipiendum* putat, ita nos
rite coepturi ab Homero videmur. Hic enim quem-

admodum *ex Oceano* dicit ipse *amnium fontiumque*
cursus initium capere, omnibus eloquentiae partibus
exemplum et ortum dedit. Hunc nemo in magnis
rebus sublimitate, in parvis proprietate superaverit.
Idem laetus ac pressus, iucundus et gravis, tum copia
tum brevitate mirabilis, nec poetica modo sed oratoria
virtute eminentissimus. Nam ut de laudibus, exhorta- 47
tionibus, consolationibus taceam: nonne vel nonus
liber, quo missa ad Achillem legatio continetur, vel in
primo inter duces illa contentio vel dictae in secundo
sententiae omnes litium ac consiliorum explicant artes?
Affectus quidem vel illos mites vel hos concitatos, nemo 48
erit tam indoctus, qui non in sua potestate hunc aucto-
rem habuisse fateatur. Age vero, non utriusque operis
ingressus in paucissimis versibus legem prooemiorum
non dico servavit sed constituit? Nam benevolum auditorem invocatione dearum, quas praesidere vatibus
creditum est, et intentum proposita rerum magnitudine
et docilem summa celeriter comprehensa facit. Nar- 49
rare vero quis brevius quam qui mortem nuntiat Patro-
cli, quis significantius potest quam qui Curetum Aetolo-
rumque proelium exponit? Iam similitudines, amplifi-
cationes, exempla, digressus, signa rerum et argumenta
ceteraque probandi ac refutandi sunt ita multa, ut etiam
qui de artibus scripserunt plurimi harum rerum testimonium ab hoc poeta petant. Nam epilogus quidem quis 50
unquam poterit illis Priami rogantis Achillem precibus
aequari? Quid? in verbis, sententiis, figuris, dispositione totius operis nonne humani ingenii modum ex-
cedit? ut magni sit virtutes eius non aemulatione,
quod fieri non potest, sed intellectu sequi. Verum hic 51
omnes sine dubio et in omni genere eloquentiae procul
a se reliquit, epicos tamen praecipue, videlicet quia
clarissima in materia simili comparatio est. Raro 52
assurgit Hesiodus, magnaque pars eius in nominibus
est occupata; tamen utiles circa praecepta sententiae
levitasque verborum et compositionis probabilis, datur

53 que ei palma in illo medio genere dicendi. Contra in
Antimacho vis et gravitas et minime vulgare eloquendi genus habet laudem. Sed quamvis ei secundas
fere grammaticorum consensus deferat: et affectibus et
iucunditate et dispositione et omnino arte deficitur, ut
plane manifesto appareat, quanto sit aliud proximum
54 esse aliud secundum. Panyasin ex utroque mixtum
putant in eloquendo neutriusque aequare virtutes,
alterum tamen ab eo materia alterum disponendi
ratione superari. Apollonius in ordinem a gramma-
ticis datum non venit, quia Aristarchus atque Aristophanes, poetarum iudices, neminem sui temporis in
numerum redegerunt; non tamen contemnendum edidit
55 opus aequali quadam mediocritate. Arati materia
motu caret, ut in qua nulla varietas, nullus affectus, nulla
persona, nulla cuiusquam sit oratio; sufficit tamen operi,
cui se parem credidit. Admirabilis in suo genere Theocritus, sed musa illa rustica et pastoralis non forum
56 modo verum ipsam etiam urbem reformidat. Audire videor undique congerentes nomina plurimorum poetarum.
Quid? Herculis acta non bene Pisandros? Nicandrum frustra secuti Macer atque Vergilius? Quid?
Euphorionem transibimus? quem nisi probasset
Vergilius, idem nunquam certe *conditorum Chalcidico
versu carminum* fecisset in Bucolicis mentionem.
Quid? Horatius frustra Tyrtaeum Homero subiun-
57 git? Nec sane quisquam est tam procul a cognitione
eorum remotus, ut non indicem certe ex bibliotheca
sumptum transferre in libros suos possit. Nec ignoro
igitur quos transeo nec utique damno, ut qui dixerim
esse in omnibus utilitatis aliquid. Sed ad illos iam per-
58 fectis constitutisque viribus revertemur; quod in coenis
grandibus saepe facimus, ut, cum optimis satiati sumus,
varietas tamen nobis ex vilioribus grata sit. Tunc et
elegiam vacabit in manus sumere, cuius princeps
habetur Callimachus, secundas confessione plurimo-
59 rum Philētas occupavit. Sed dum assequimur illam

firmam, ut dixi, facilitatem, optimis assuescendum est
et multa magis quam multorum lectione formanda
mens et ducendus color. Itaque ex tribus receptis
Aristarchi iudicio scriptoribus iamborum ad ἕξιν
maxime pertinebit unus Archilochus. Summa in 60
hoc vis elocutionis, cum validae tum breves vibrantes-
que sententiae, plurimum sanguinis atque nervorum,
adeo ut videatur quibusdam, quod quoquam minor est, *
materiae esse non ingenii vitium. Novem vero Lyri- 61
corum longe Pindarus princeps spiritus magnificen-
tia, sententiis, figuris, beatissima rerum verborumque
copia et velut quodam eloquentiae flumine; propter
quae Horatius eum merito credidit nemini imitabilem.
Stesichorus quam sit ingenio validus, materiae quo- 62
que ostendunt, maxima bella et clarissimos canentem
duces et epici carminis onera lyra sustinentem. Reddit
enim personis in agendo simul loquendoque debitam
dignitatem, ac si tenuisset modum, videtur aemulari
proximus Homerum potuisse; sed redundat atque
effunditur, quod ut est reprehendendum, ita copiae
vitium est. Alcaeus in parte operis *aureo plectro* 63
merito donatur, qua tyrannos insectatus multum etiam
moribus confert; in eloquendo quoque brevis et magni-
ficus et diligens et plerumque oratori similis; sed et
lusit et in amores descendit, maioribus tamen aptior.
Simonides, tenuis alioqui, sermone proprio et iucun- 64
ditate quadam commendari potest; praecipua tamen
eius in commovenda miseratione virtus, ut quidam
in hac eum parte omnibus eius operis auctoribus praeferant.

Antiqua comoedia cum sinceram illam sermonis 65
Attici gratiam prope sola retinet, tum facundissimae
libertatis, etsi est insectandis vitiis praecipua, plurimum tamen virium etiam in ceteris partibus habet.
Nam et grandis et elegans et venusta, et nescio an ulla,
post Homerum tamen, quem, ut Achillem, semper excipi
par est, aut similior sit oratoribus aut ad oratores facien-

66 dos aptior. Plures eius auctores; Aristophanes tamen et Eupolis Cratinusque praecipui. Tragoe-
dias primus in lucem Aeschylus protulit, sublimis
et gravis et grandiloquus saepe usque ad vitium, sed
rudis in plerisque et incompositus; propter quod correctas eius fabulas in certamen deferre posterioribus
poetis Athenienses permiserunt, suntque eo modo multi
67 coronati. Sed longe clarius illustraverunt hoc opus
Sophocles atque Euripides, quorum in dispari
dicendi via uter sit poeta melior, inter plurimos quaeritur. Idque ego sane, quoniam ad praesentem materiam
nihil pertinet, iniudicatum relinquo. Illud quidem
nemo non fateatur necesse est, iis, qui se ad agendum
68 comparant, utiliorem longe fore Euripiden. Namque is
et sermone (quod ipsum reprehendunt, quibus gravitas
et cothurnus et sonus Sophoclis videtur esse sublimior)
magis accedit oratorio generi et sententiis densus et in
iis, quae a sapientibus tradita sunt, paene ipsis par, et
dicendo ac respondendo cuilibet eorum, qui fuerunt in
foro diserti, comparandus; in affectibus vero cum omnibus mirus tum in iis, qui miseratione constant, facile
69 praecipuus. Hunc et admiratus maxime est, ut saepe
testatur, et eum secutus, quanquam in opere diverso,
Menander, qui vel unus, meo quidem iudicio, diligenter lectus, ad cuncta, quae praecipimus, efficienda
sufficiat; ita omnem vitae imaginem expressit, tanta in
eo inveniendi copia et eloquendi facultas, ita est omni-
70 bus rebus, personis, affectibus accommodatus. Nec
nihil profecto viderunt, qui orationes, quae Charisii
nomine eduntur, a Menandro scriptas putant. Sed
mihi longe magis orator probari in opere suo videtur,
nisi forte aut illa mala iudicia, quae Epitrepontes,
Epicleros, Locroe habent, aut meditationes in Psopho-
dee, Nomothete, Hypobolimaeo non omnibus oratoriis
71 numeris sunt absolutae. Ego tamen plus adhuc quiddam collaturum eum declamatoribus puto, quoniam his
necesse est secundum condicionem controversiarum

plures subire personas, patrum, filiorum, militum, rusti-
corum, divitum, pauperum, irascentium, deprecantium,
mitium, asperorum. In quibus omnibus mire custodi-
tur ab hoc poeta decor. Atque ille quidem omnibus 72
eiusdem operis auctoribus abstulit nomen, et fulgore
quodam suae claritatis tenebras obduxit. Tamen
habent alii quoque Comici, si cum venia leguntur,
quaedam quae possis decerpere; et praecipue Philemon, qui ut pravis sui temporis iudiciis Menandro
saepe praelatus est: ita consensu tamen omnium meruit
credi secundus.

Historiam multi scripsere praeclare, sed nemo 73
dubitat longe duos ceteris praeferendos, quorum diversa virtus laudem paene est parem consecuta. Densus
et brevis et semper instans sibi Thucydides, dulcis
et candidus et fusus Herodotus; ille concitatis hic
remissis affectibus melior, ille concionibus hic sermonibus, ille vi hic voluptate. Theopompus his proxi- 74
mus ut in historia praedictis minor, ita oratori magis
similis, ut qui, antequam est ad hoc opus sollicitatus, diu
fuerit orator. Philistus quoque meretur, qui turbae
quamvis bonorum post eos auctorum eximatur, imitator Thucydidis et ut multo infirmior ita aliquatenus
lucidior. Ephorus, ut Isocrati visum, calcaribus
eget. Clitarchi probatur ingenium, fides infamatur. 75
Longo post intervallo temporis natus Timagenes hoc
est vel ipso probabilis, quod intermissam historias scribendi industriam nova laude reparavit. Xenophon
non excidit mihi sed inter philosophos reddendus est.

Sequitur oratorum ingens manus, ut cum decem 76
simul Athenis aetas una tulerit. Quorum longe princeps Demosthenes ac paene lex orandi fuit; tanta
vis in eo, tam densa omnia, ita quibusdam nervis inten-
ta sunt, tam nihil otiosum, is dicendi modus, ut nec
quod desit in eo nec quod redundet invenias. Plenior 77
Aeschines et magis fusus et grandiori similis, quo
minus strictus est; carnis tamen plus habet, minus

lacertorum. Dulcis in primis et acutus Hyperides,
sed minoribus causis, ut non dixerim utilior, magis par.
78 His aetate Lysias maior, subtilis atque elegans et
quo nihil, si oratori satis est docere, quaeras perfectius.
Nihil enim est inane, nihil arcessitum; puro tamen
79 fonti quam magno flumini propior. Isocrates in
diverso genere dicendi nitidus et comptus et palaestrae
quam pugnae magis accommodatus, omnes dicendi
veneres sectatus est, nec immerito; auditoriis enim se
non iudiciis compararat; in inventione facilis, honesti
studiosus, in compositione adeo diligens, ut cura eius
80 reprehendatur. Neque ego in his, de quibus locutus
sum, has solas virtutes sed has praecipuas puto, nec
ceteros parum fuisse magnos. Quin etiam Phalerea
illum Demetrium, quanquam is primus inclinasse
eloquentiam dicitur, multum ingenii habuisse et facundiae fateor, vel ob hoc memoria dignum, quod ultimus
est fere ex Atticis, qui dici possit orator; quem tamen
in illo medio genere dicendi praefert omnibus Cicero.
81 Philosophorum, ex quibus plurimum se traxisse
eloquentiae M. Tullius confitetur, quis dubitet Platonem esse praecipuum sive acumine disserendi sive
eloquendi facultate divina quadam et Homerica?
Multum enim supra prosam orationem et quam pedestrem Graeci vocant surgit, ut mihi non hominis ingenio
sed quodam Delphico videatur oraculo instinctus.
82 Quid ego commemorem Xenophontis illam iucunditatem inaffectatam sed quam nulla consequi affectatio
possit? ut ipsae sermonem finxisse Gratiae videantur
et, quod de Pericle veteris comoediae testimonium est,
in hunc transferri iustissime possit, in labris eius sedisse
83 quandam persuadendi deam. Quid reliquorum Socraticorum elegantiam? Quid Aristotelem? quem
dubito scientia rerum an scriptorum copia an eloquendi
suavitate an inventionum acumine an varietate operum
clariorem putem. Nam in Theophrasto tam est
loquendi nitor ille divinus, ut ex eo nomen quoque

traxisse dicatur. Minus indulsere eloquentiae Stoici 84
veteres; sed cum honesta suaserunt tum in colligendo
probandoque, quae instituerant, plurimum valuerunt,
rebus tamen acuti magis quam, id quod sane non affec-
taverunt, oratione magnifici.

Idem nobis per Romanos quoque auctores ordo 85
ducendus est. Itaque ut apud illos Homerus sic apud
nos Vergilius auspicatissimum dederit exordium,
omnium eius generis poetarum Graecorum nostrorumque haud dubie proximus. Utor enim verbis iisdem, 86
quae ex Afro Domitio iuvenis excepi; qui mihi inter-
roganti, quem Homero crederet maxime accedere, *Secundus*, inquit, *est Vergilius, propior tamen primo quam
tertio.* Et hercule ut illi naturae coelesti atque immor-
tali cesserimus: ita curae et diligentiae vel ideo in hoc
plus est, quod ei fuit magis laborandum, et quantum
eminentibus vincimur, fortasse aequalitate pensamus.
Ceteri omnes longe sequentur. Nam Macer et Lu- 87
cretius legendi quidem, sed non ut phrasin, id est,
corpus eloquentiae faciant; elegantes in sua quisque
materia sed alter humilis alter difficilis. Atacinus
Varro in iis, per quae nomen est assecutus, interpres
operis alieni, non spernendus quidem verum ad augen-
dam facultatem dicendi parum locuples. Ennium 88
sicut sacros vetustate lucos adoremus, in quibus grandia et antiqua robora iam non tantam habent speciem
quantam religionem. Propiores alii atque ad hoc, de
quo loquimur, magis utiles. Lascivus quidem in herois
quoque Ovidius et nimium amator ingenii sui, lau-
dandus tamen in partibus. Cornelius autem Seve- 89
rus, etiamsi versificator quam poeta melior, si tamen,
ut est dictum, ad exemplar primi libri bellum Siculum
perscripsisset, vindicaret sibi iure secundum locum.
Serranum consummari mors immatura non passa
est; puerilia tamen eius opera et maximam indolem
ostendunt et admirabilem praecipue in aetate illa recti
generis voluntatem. Multum in Valerio Flacco 90

nuper amisimus. Vehemens et poeticum ingenium
Saleii Bassi fuit, nec ipsum senectus maturavit.
Rabirius ac Pedo non indigni cognitione, si vacet.
Lucanus ardens et concitatus et sententiis clarissimus
et, ut dicam quod sentio, magis oratoribus quam poetis
91 imitandus. Hos nominavimus, quia Germanicum Augustum ab institutis studiis deflexit cura terrarum,
parumque diis visum est esse eum maximum poetarum.
Quid tamen his ipsis eius operibus, in quae, donato imperio, iuvenis secesserat, sublimius, doctius, omnibus
denique numeris praestantius? Quis enim cancret bella
melius, quam qui sic gerit? Quem praesidentes studiis
deae propius audirent? Cui magis suas artes aperiret
92 familiare numen Minerva? Dicent haec plenius futura
saecula, nunc enim ceterarum fulgore virtutum laus
ista praestringitur. Nos tamen sacra litterarum colen-
tes feras, Caesar, si non tacitum hoc praeterimus et
Vergiliano certe versu testamur:

Inter victrices hederam tibi serpere laurus.

93 Elegia quoque Graecos provocamus, cuius mihi tersus
atque elegans maxime videtur auctor Tibullus. Sunt
qui Propertium malint. Ovidius utroque lascivior, sicut durior Gallus. Satira quidem tota nostra est, in qua primus insignem laudem adeptus
Lucilius quosdam ita deditos sibi adhuc habet
amatores, ut eum non eiusdem modo operis auctoribus
94 sed omnibus poetis praeferre non dubitent. Ego
quantum ab illis tantum ab Horatio dissentio, qui Lu-
cilium *fluere lutulentum* et *esse aliquid, quod tollere
possis*, putat. Nam eruditio in eo mira et libertas
atque inde acerbitas et abundantia salis. Multum est
tersior ac purus magis Horatius et, non labor eius
amore, praecipuus. Multum et verae gloriae quamvis
uno libro Persius meruit. Sunt clari hodieque et qui
95 olim nominabuntur. Alterum illud etiam prius satirae
genus sed non sola carminum varietate mixtum condi-

dit Terentius Varro, vir Romanorum eruditissimus. Plurimos hic libros et doctissimos composuit, peritissimus linguae Latinae et omnis antiquitatis et rerum Graecarum nostrarumque, plus tamen scientiae
collaturus quam eloquentiae. Iambus non sane a 96
Romanis celebratus est ut proprium opus, quibusdam interpositus; cuius acerbitas in Catullo, Bibaculo, Horatio, quanquam illi epodos interveniat, reperietur. At Lyricorum idem Horatius fere solus legi dignus. Nam et insurgit aliquando et plenus est iucunditatis et gratiae et variis figuris et verbis felicissime audax. Si quem adiicere velis, is erit Caesius Bassus, quem nuper vidimus; sed eum longe prae-
cedunt ingenia viventium. Tragoediae scriptores 97
veterum Attius atque Pacuvius clarissimi gravitate sententiarum, verborum pondere, auctoritate personarum. Ceterum nitor et summa in excolendis operibus manus magis videri potest temporibus quam ipsis defuisse. Virium tamen Attio plus tribuitur; Pacuvium videri doctiorem, qui esse docti affect-
ant, volunt. Iam Varii Thyestes cuilibet Graecarum 98
comparari potest. Ovidii Medea videtur mihi ostendere, quantum ille vir praestare potuerit, si ingenio suo imperare quam indulgere maluisset. Eorum quos viderim longe princeps Pomponius Secundus, quem senes quidem parum tragicum putabant, erudi-
tione ac nitore praestare confitebantur. In comoedia 99
maxime claudicamus, licet Varro *Musas*, Aelii Stilonis sententia, *Plautino* dicat *sermone locuturas fuisse, si Latine loqui vellent*, licet Caecilium veteres laudibus ferant, licet Terentii scripta ad Scipionem Africanum referantur; quae tamen sunt in hoc genere elegantissima et plus adhuc habitura gratiae, si intra
versus trimetros stetissent. Vix levem consequimur 100
umbram, adeo ut mihi sermo ipse Romanus non recipere videatur illam solis concessam Atticis venerem, cum eam ne Graeci quidem in alio genere linguae

obtinuerint. Togatis excellit Afranius; utinam non
inquinasset argumenta puerorum foedis amoribus,
mores suos fassus.

101 At non historia cesserit Graecis, nec opponere
Thucydidi Sallustium verear. Neque indignetur
sibi Herodotus aequari T. Livium, cum in narrando
mirae iucunditatis clarissimique candoris tum in concionibus supra quam enarrari potest eloquentem; ita
quae dicuntur omnia cum rebus tum personis accommodata sunt; affectus quidem, praecipueque eos qui
sunt dulciores, ut parcissime dicam, nemo historicorum
102 commendavit magis. Ideoque immortalem illam Sal-
lustii velocitatem diversis virtutibus consecutus est.
Nam mihi egregie dixisse videtur Servilius Nonianus, *pares eos magis quam similes;* qui et ipse a
nobis auditus est, clari vir ingenii et sententiis creber
sed minus pressus quam historiae auctoritas postulat.
103 Quam paulum aetate praecedens eum Bassus Aufidius egregie, utique in libris belli Germanici, prae-
stitit, genere ipso probabilis in omnibus, sed in quibus-
104 dam suis ipse viribus minor. Superest adhuc et exornat aetatis nostrae gloriam vir saeculorum memoria dignus, qui olim nominabitur, nunc intelligitur.
* Habet amatores nec imitatorem, ut cui libertas, quanquam circumcisis quae dixisset, nocuerit. Sed elatum
abunde spiritum et audaces sententias deprehendas
etiam in iis, quae manent. Sunt et alii scriptores
boni, sed nos genera degustamus non bibliothecas
excutimus.

105 Oratores vero vel praecipue Latinam eloquentiam parem facere Graecae possint. Nam Ciceronem cuicunque eorum fortiter opposuerim. Nec
ignoro, quantam mihi concitem pugnam, cum praesertim non sit id propositi, ut eum Demostheni compa-
rem hoc tempore; neque enim attinet, cum Demosthenem in primis legendum vel ediscendum potius
106 putem. Quorum ego virtutes plerasque arbitror simi-

les, consilium, ordinem, dividendi, praeparandi, probandi rationem, omnia denique quae sunt inventionis.
In eloquendo est aliqua diversitas; densior ille hic
copiosior, ille concludit astrictius hic latius, pugnat ille
acumine semper hic frequenter et pondere, illi nihil
detrahi potest huic nihil adiici, curae plus in illo in hoc
naturae. Salibus certe et commiseratione, qui duo plu- 107
rimum affectus valent, vincimus. Et fortasse epilogos
illi mos civitatis abstulerit; sed et nobis illa, quae Attici
mirantur, diversa Latini sermonis ratio minus permise-
rit. In epistolis quidem, quanquam sunt utriusque, dia-
logisve, quibus nihil ille, nulla contentio est. Ceden- 108
dum vero in hoc, quod et prior fuit et ex magna parte
Ciceronem, quantus est, fecit. Nam mihi videtur M.
Tullius, cum se totum ad imitationem Graecorum con-
tulisset, effinxisse vim Demosthenis, copiam Platonis,
iucunditatem Isocratis. Nec vero quod in quoque 109
optimum fuit, studio consecutus est tantum; sed plurimas vel potius omnes ex se ipso virtutes extulit im-
mortalis ingenii beatissima ubertas. Non enim *pluvias*, ut ait Pindarus, *aquas colligit sed vivo gurgite
exundat*, dono quodam providentiae genitus, in quo
totas vires suas eloquentia experiretur. Nam quis 110
docere diligentius, movere vehementius potest? Cui
tanta unquam iucunditas affuit? ut ipsa illa, quae extorquet, impetrare eum credas, et cum transversum vi
sua iudicem ferat: tamen ille non rapi videatur sed
sequi. Iam in omnibus, quae dicit, tanta auctoritas 111
inest, ut dissentire pudeat, nec advocati studium sed
testis aut iudicis afferat fidem; cum interim haec
omnia, quae vix singula quisquam intentissima cura
consequi posset, fluunt illaborata, et illa, qua nihil pul-
chrius auditum est, oratio prae se fert tamen felicissi-
mam facilitatem. Quare non immerito ab hominibus 112
aetatis suae *regnare in iudiciis* dictus est, apud posteros vero id consecutus, ut Cicero iam non hominis
nomen sed eloquentiae habeatur. Hunc igitur specte-

mus, hoc propositum nobis sit exemplum, ille se pro-
113 fecisse sciat, cui Cicero valde placebit. Multa in
Asinio Pollione inventio, summa diligentia, adeo
ut quibusdam etiam nimia videatur, et consilii et
animi satis; a nitore et iucunditate Ciceronis ita longe
abest, ut videri possit saeculo prior. At Messala
nitidus et candidus et quodammodo praeferens in
114 dicendo nobilitatem suam, viribus minor. C. vero
Caesar si foro tantum vacasset, non alius ex nostris
contra Ciceronem nominaretur. Tanta in eo vis est,
id acumen, ea concitatio, ut illum eodem animo dixisse, quo bellavit, appareat; exornat tamen haec
omnia mira sermonis, cuius proprie studiosus fuit, ele-
115 gantia. Multum ingenii in Caelio et praecipue in
accusando multa urbanitas, dignusque vir cui et mens
melior et vita longior contigisset. Inveni qui Calvum praeferrent omnibus, inveni qui Ciceroni crederent, eum nimia contra se calumnia verum sanguinem
perdidisse; sed est et sancta et gravis oratio et custodita et frequenter vehemens quoque. Imitator autem
est Atticorum, fecitque illi properata mors iniuriam, si
quid adiecturus sibi, non si quid detracturus fuit.
116 Et Servius Sulpicius insignem non immerito
famam tribus orationibus meruit. Multa, si cum
iudicio legatur, dabit imitatione digna Cassius
Severus, qui si ceteris virtutibus colorem et gravitatem orationis adiecisset, ponendus inter praecipuos
117 foret. Nam et ingenii plurimum est in eo et acerbitas mira, et urbanitas eius summa; sed plus stomacho
quam consilio dedit. Praeterea ut amari sales: ita
118 frequenter amaritudo ipsa ridicula est. Sunt alii
multi diserti, quos persequi longum est. Eorum quos
viderim Domitius Afer et Iulius Africanus
longe praestantissimi. Arte ille et toto genere dicendi praeferendus et quem in numero veterum habere non timeas; hic concitatior sed in cura verborum
nimius et compositione nonnunquam longior, et trans-

lationibus parum modicus. Erant clara et nuper
ingenia. Et Trachalus plerumque sublimis et satis 119
apertus fuit et quem velle optima crederes, auditus
tamen maior; nam et vocis, quantam in nullo cog-
novi, felicitas et pronuntiatio vel scenis suffectura et
decor omnia denique ei, quae sunt extra, superfuerunt;
et Vibius Crispus compositus et iucundus et delectationi natus, privatis tamen causis quam publicis
melior. Iulio Secundo, si longior contigisset aetas, 120
clarissimum profecto nomen oratoris apud posteros
foret. Adiecisset enim, atque adiiciebat ceteris virtutibus suis quod desiderari potest. Id est autem, ut
esset multo magis pugnans et saepius ad curam rerum
ab elocutione respiceret. Ceterum interceptus quoque 121
magnum sibi vindicat locum; ea est facundia, tanta
in explicando quod velit gratia, tam candidum et
lene et speciosum dicendi genus, tanta verborum
etiam quae assumpta sunt proprietas, tanta in quibusdam ex periculo petitis significantia. Habebunt, qui 122
post nos de oratoribus scribent, magnam eos, qui
nunc vigent, materiam vere laudandi. Sunt enim
summa hodie, quibus illustratur forum, ingenia.
Namque et consummati iam patroni veteribus aemulantur, et eos iuvenum ad optima tendentium imitatur
ac sequitur industria.

Supersunt, qui de philosophia scripserint, quo 123
in genere paucissimos adhuc eloquentes litterae Ro-
manae tulerunt. Idem igitur M. Tullius, qui ubique, etiam in hoc opere Platonis aemulus extitit.
Egregius vero multoque quam in orationibus prae-
stantior Brutus suffecit ponderi rerum; scias eum
sentire quae dicit. Scripsit non parum multa Cor- 124
nelius Celsus, Sextios secutus, non sine cultu ac
nitore. Plautus in Stoicis rerum cognitioni utilis.
In Epicureis levis quidem sed non iniucundus tamen
auctor est Catius. Ex industria Senecam in omni 125
genere eloquentiae distuli propter vulgatam falso de

me opinionem, qua damnare eum et invisum quoque
habere sum creditus. Quod accidit mihi, dum corruptum et omnibus vitiis fractum dicendi genus revocare
126 ad severiora iudicia contendo. Tum autem solus hic
fere in manibus adolescentium fuit. Quem non equidem omnino conabar excutere sed potioribus praeferri
non sinebam, quos ille non destiterat incessere, cum,
diversi sibi conscius generis, placere se in dicendo
posse, quibus illi placent, diffideret. Amabant autem
eum magis quam imitabantur tantumque ab eo deflue-
127 bant, quantum ille ab antiquis descenderat. Foret
enim optandum, pares ac saltem proximos illi viro
fieri. Sed placebat propter sola vitia et ad ea se quisque dirigebat effingenda, quae poterat; deinde cum
se iactaret eodem modo dicere, Senecam infamabat.
128 Cuius et multae alioqui et magnae virtutes fuerunt,
ingenium facile et copiosum, plurimum studii, multa
rerum cognitio; in qua tamen aliquando ab his, quibus inquirenda quaedam mandabat, deceptus est.
Tractavit etiam omnem fere studiorum materiam.
129 Nam et orationes eius et poemata et epistolae et dia-
logi feruntur. In philosophia parum diligens, egregius tamen vitiorum insectator fuit. Multae in eo
claraeque sententiae, multa etiam morum gratia legenda; sed in eloquendo corrupta pleraque atque
eo perniciosissima, quod abundant dulcibus vitiis.
130 Velles eum suo ingenio dixisse, alieno iudicio. Nam
si aliqua contempsisset, si partem non concupisset, si
non omnia sua amasset, si rerum pondera minutissimis sententiis non fregisset: consensu potius erudito-
131 rum quam puerorum amore comprobaretur. Verum
sic quoque iam robustis et severiore genere satis firma-
tis legendus vel ideo, quod exercere potest utrinque
iudicium. Multa enim, ut dixi, probanda in eo, multa
etiam admiranda sunt, eligere modo curae sit; quod
utinam ipse fecisset. Digna enim fuit illa natura,
quae meliora vellet, quae quod voluit effecit.

DE IMITATIONE.

II. Ex his ceterisque lectione dignis auctoribus et verborum sumenda copia est et varietas figurarum et componendi ratio, tum ad exemplum virtutum omnium mens dirigenda. Neque enim dubitari potest, quin artis pars magna contineatur imitatione. Nam ut invenire primum fuit estque praecipuum: sic ea, quae
bene inventa sunt, utile sequi. Atque omnis vitae 2
ratio sic constat, ut quae probamus in aliis facere ipsi velimus. Sic litterarum ductus, ut scribendi fiat usus, pueri sequuntur; sic musici vocem docentium, pictores opera priorum, rustici probatam experimento culturam in exemplum intuentur; omnis denique disciplinae initia ad propositum sibi praescriptum formari videmus. Et hercule necesse est aut similes aut dissimiles 3
bonis simus. Similem raro natura praestat, frequenter imitatio. Sed hoc ipsum, quod tanto faciliorem nobis rationem omnium facit quam fuit iis, qui nihil quod sequerentur habuerunt, nisi caute et cum iudicio apprehenditur, nocet.

Ante omnia igitur imitatio per se ipsa non sufficit, 4
vel quia pigri est ingenii contentum esse iis, quae sint ab aliis inventa. Quid enim futurum erat temporibus illis, quae sine exemplo fuerunt, si homines nihil, nisi quod iam cognovissent, faciendum sibi aut cogitandum
putassent? Nempe nihil fuisset inventum. Cur igi- 5
tur nefas est reperiri aliquid a nobis, quod ante non fuerit? An illi rudes sola mentis natura ducti sunt in hoc, ut tam multa generarent: nos ad quaerendum non eo ipso concitemur, quod certe scimus invenisse eos,
qui quaesierunt? Et cum illi, qui nullum cuiusquam rei 6
habuerunt magistrum, plurima in posteros tradiderint: nobis usus aliarum rerum ad eruendas alias non proderit, sed nihil habebimus nisi beneficii alieni? Quemadmodum quidam pictores in id solum student, ut

7 describere tabulas mensuris ac lineis sciant. Turpe
etiam illud est, contentum esse id consequi quod imite-
ris. Nam rursus quid erat futurum, si nemo plus ef-
fecisset eo quem sequebatur? Nihil in poetis supra
Livium Andronicum, nihil in historiis supra Pontifi
cum annales haberemus; ratibus adhuc navigaretur;
non esset pictura, nisi quae lineas modo extremas
umbrae, quam corpora in sole fecissent, circumscribe-
8 ret. Ac si omnia percenseas: nulla sit ars, qualis
inventa est, nec intra initium stetit; nisi forte nostra
potissimum tempora damnamus huius infelicitatis, ut
nunc demum nihil crescat. Nihil autem crescit sola
9 imitatione. Quodsi prioribus adiicere fas non est:
quomodo sperare possumus illum oratorem perfectum?
cum in his, quos maximos adhuc novimus, nemo sit
inventus, in quo nihil aut desideretur aut reprehendatur. Sed etiam qui summa non appetent, contendere
10 potius quam sequi debent. Nam qui agit ut prior sit,
forsitan, etiamsi non transierit, aequabit. Eum vero
nemo potest aequare, cuius vestigiis sibi utique insisten-
dum putat. Necesse est enim, semper sit posterior qui
sequitur. Adde quod plerumque facilius est plus
facere quam idem. Tantam enim difficultatem habet
similitudo, ut ne ipsa quidem natura in hoc ita evalue-
rit, ut non res simplicissimae, quaeque pares maxime
11 videantur, utique discrimine aliquo discernantur. Adde
quod, quidquid alteri simile est, necesse est minus sit
eo, quod imitatur, ut umbra corpore et imago facie et
actus histrionum veris affectibus. Quod in orationibus
quoque evenit. Namque eis, quae in exemplum assu-
mimus, subest natura et vera vis; contra omnis imitatio ficta est et ad alienum propositum accommodatur.
12 Quod facit, ut minus sanguinis ac virium declamationes
habeant quam orationes; quod in illis vera in his assi-
mulata materia est. Adde quod ea, quae in oratore
maxima sunt, imitabilia non sunt, ingenium, inventio,
13 vis, facilitas et quidquid arte non traditur. Ideo

plerique, cum verba quaedam ex orationibus excerpse-
runt aut aliquos compositionis certos pedes, mire a se,
quae legerunt, effingi arbitrantur; cum et verba intercidant invalescantque temporibus, ut quorum certissi-
ma sit regula in consuetudine, eaque non sua natura
sint bona aut mala (nam per se soni tantum sunt) sed
prout opportune proprieque aut secus collocata sunt;
et compositio cum rebus accommodata sit tum ipsa
varietate gratissima.

Quapropter exactissimo iudicio circa hanc partem 14
studiorum examinanda sunt omnia. Primum, quos
imitemur; nam sunt plurimi, qui similitudinem pessi-
mi cuiusque et corruptissimi concupierunt; tum in
ipsis, quos elegerimus, quid sit, ad quod nos efficiendum
comparemus. Nam in magnis quoque auctoribus inci- 15
dunt aliqua vitiosa, et a doctis inter ipsos etiam mutuo
reprehensa; atque utinam tam bona imitantes dicerent
melius quam mala peius dicunt. Nec vero saltem iis,
quibus ad evitanda vitia iudicii satis fuit, sufficiat imaginem virtutis effingere et solam, ut sic dixerim, cutem,
vel potius illas Epicuri figuras, quas e summis corpori-
bus dicit effluere. Hoc autem his accidit, qui non in- 16
trospectis penitus virtutibus ad primum se velut aspec-
tum orationis aptarunt; et cum iis felicissime cessit
imitatio: verbis atque numeris sunt non multum differentes, vim dicendi atque inventionis non assequuntur,
sed plerumque declinant in peius et proxima virtutibus vitia comprehendunt fiuntque pro grandibus tumidi,
pressis exiles, fortibus temerarii, laetis corrupti, compositis exultantes, simplicibus negligentes. Ideoque 17
qui horride atque incomposite quamlibet illud frigidum
et inane extulerunt, antiquis se pares credunt; qui
carent cultu atque sententiis, Atticis scilicet; qui praecisis conclusionibus obscuri, Sallustium atque Thucydidem superant; tristes ac ieiuni Pollionem aemulantur; otiosi et supini, si quid modo longius circumduxe-
runt, iurant ita Ciceronem locuturum fuisse. Noveram 18

quosdam, qui se pulchre expressisse genus illud coeles-
tis huius in dicendo viri sibi viderentur, si in clausula
posuissent *Esse videatur*. Ergo primum est, ut quod
imitaturus est quisque intelligat et, quare bonum sit,
sciat.

19 Tum in suscipiendo onere consulat suas vires.
Nam quaedam sunt imitabilia, quibus aut infirmitas
naturae non sufficiat aut diversitas repugnet. Ne, cui
tenue ingenium erit, sola velit fortia et abrupta; cui
forte quidem sed indomitum, amore subtilitatis et vim
suam perdat et elegantiam quam cupit non assequatur.
Nihil est enim tam indecens, quam cum mollia dure
20 fiunt. Atque ego illi praeceptori, quem instituebam
in libro secundo, credidi non ea sola docenda esse, ad
quae quemque discipulorum natura compositum vide-
ret; nam is et adiuvare debet, quae in quoque eorum
invenit bona, et, quantum fieri potest, adiicere quae
desunt et emendare quaedam et mutare; rector enim
est alienorum ingeniorum atque formator. Difficilius
21 est naturam suam fingere. Sed ne ille quidem doctor,
quanquam omnia quae recta sunt velit esse in suis
auditoribus quam plenissima, in eo tamen, cui naturam
obstare viderit, laborabit.

Id quoque vitandum, in quo magna pars errat, ne
in oratione poetas nobis et historicos, in illis operibus
22 oratores aut declamatores imitandos putemus. Sua
cuique proposita lex, suus cuique decor est. Nam nec
comoedia cothurnis assurgit, nec contra tragoedia
socculo ingreditur. Habet tamen omnis eloquentia ali-
23 quid commune; imitemur quod commune est. Etiam
hoc solet incommodi accidere iis, qui se uni alicui
generi dediderunt, ut, si asperitas iis placuit alicuius,
hanc etiam in leni ac remisso causarum genere non
exuant; si tenuitas ac iucunditas, in asperis gravibus-
que causis ponderi rerum parum respondeant: cum sit
diversa non causarum modo inter ipsas condicio, sed in
singulis etiam causis partium, sintque alia leniter alia

aspere alia concitate alia remisse, alia docendi alia movendi gratia dicenda; quorum omnium dissimilis atque diversa inter se ratio est. Itaque ne hoc quidem 24
suaserim, uni se alicui proprie, quem per omnia sequatur, addicere. Omnium perfectissimus Graecorum Demosthenes, aliquid tamen aliquo in loco melius alii, plurima ille. Sed non qui maxime imitandus et solus imitandus est. Quid ergo? non est satis omnia sic 25
dicere, quomodo M. Tullius dixit? Mihi quidem satis esset, si omnia consequi possem. Quid tamen noceret vim Caesaris, asperitatem Caelii, diligentiam Pollionis, iudicium Calvi quibusdam in locis assumere? Nam 26
praeter id quod prudentis est, quod in quoque optimum est, si possit, suum facere: tum in tanta rei difficultate unum intuentes vix aliqua pars sequitur. Ideoque cum totum exprimere quem elegeris paene sit homini inconcessum: plurium bona ponamus ante oculos, ut aliud ex alio haereat, et quod cuique loco conveniat aptemus.

Imitatio autem (nam saepius idem dicam) non sit 27
tantum in verbis. Illuc intendenda mens, quantum fuerit illis viris decoris in rebus atque personis, quod consilium, quae dispositio, quam omnia, etiam quae delectationi videantur data, ad victoriam spectent; quid agatur prooemio, quae ratio et quam varia narrandi, quae vis probandi ac refellendi, quanta in affectibus omnis generis movendis scientia, quamque laus ipsa popularis utilitatis gratia assumpta, quae tum est pulcherrima, cum sequitur non cum arcessitur. Haec si perviderimus, tum vere imitabimur. Qui vero etiam propria 28
his bona adiecerit, ut suppleat quae deerant, circumcidat, si quid redundabit: is erit, quem quaerimus, perfectus orator; quem nunc consummari potissimum oporteat, cum tanto plura exempla bene dicendi supersint, quam illis, qui adhuc summi sunt, contigerunt. Nam erit haec quoque laus eorum, ut priores superasse, posteros docuisse dicantur.

QUOMODO SCRIBENDUM.

III. Et haec quidem auxilia extrinsecus adhiben-
tur; in iis quae nobis ipsis paranda sunt, ut laboris sic
utilitatis etiam longe plurimum affert stilus. Nec
immerito M. Tullius hunc *optimum effectorem ac magistrum dicendi* vocavit; cui sententiae personam L.
Crassi in disputationibus, quae sunt de oratore, assignando, iudicium suum cum illius auctoritate coniunxit.
2 Scribendum ergo quam diligentissime et quam plurimum. Nam ut terra altius effossa generandis alendis-
que seminibus fecundior fit: sic profectus non a summo
petitus, studiorum fructus et fundit uberius et fidelius
continet. Nam sine hac quidem conscientia ipsa illa
ex tempore dicendi facultas inanem modo loquacitatem
3 dabit et verba in labris nascentia. Illic radices, illic
fundamenta sunt, illic opes velut sanctiore quodam
aerario reconditae, unde ad subitos quoque casus, cum
res exiget, proferantur. Vires faciamus ante omnia,
quae sufficiant labori certaminum et usu non exhau-
4 riantur. Nihil enim rerum ipsa natura voluit magnum
effici cito, praeposuitque pulcherrimo cuique operi difficultatem; quae nascendi quoque hanc fecerit legem,
ut maiora animalia diutius visceribus parentis con-
tinerentur.

Sed cum sit duplex quaestio, quomodo et quae
5 maxime scribi oporteat, iam hinc ordinem sequar. Sit
primo vel tardus dum diligens stilus; quaeramus opti
ma nec protinus offerentibus se gaudeamus; adhibea-
tur iudicium inventis, dispositio probatis. Delectus
enim rerum verborumque agendus est et pondera sin-
gulorum examinanda. Post subeat ratio collocandi
versenturque omni modo numeri, non ut quodque se
6 proferet verbum, occupet locum. Quae quidem ut
diligentius exequamur, repetenda saepius erunt scriptorum proxima. Nam praeter id quod sic melius

iunguntur prioribus sequentia, calor quoque ille cogitationis, qui scribendi mora refrixit, recipit ex integro
vires et velut repetito spatio sumit impetum; quod in
certamine saliendi fieri videmus, ut conatum longius
petant et ad illud, quo contenditur, spatium cursu
ferantur; utque in iaculando brachia reducimus et expulsuri tela nervos retro tendimus. Interim tamen, si 7
feret flatus, danda sunt vela, dum nos indulgentia illa
non fallat. Omnia enim nostra, dum nascuntur, placent; alioqui nec scriberentur. Sed redeamus ad
iudicium et retractemus suspectam facilitatem. Sic 8
scripsisse Sallustium accepimus, et sane manifestus est
etiam ex opere ipso labor. Vergilium quoque paucissimos die composuisse versus auctor est Varius. Oratoris quidem alia condicio est. Itaque hanc moram et 9
sollicitudinem initiis impero. Nam primum hoc con-
stituendum, hoc obtinendum est, ut quam optime scribamus; celeritatem dabit consuetudo. Paulatim res
facilius se ostendent, verba respondebunt, compositio
prosequetur, cuncta denique ut in familia bene instituta in officio erunt. Summa haec est rei: cito scri- 10
bendo non fit, ut bene scribatur; bene scribendo fit,
ut cito. Sed tum maxime, cum facultas illa contigerit,
resistamus et provideamus et ferentes equos frenis quibusdam coerceamus; quod non tam moram faciet
quam novos impetus dabit. Neque enim rursus eos,
qui robur aliquod in stilo fecerint, ad infelicem calumniandi se poenam alligandos puto. Nam quomodo 11
sufficere officiis civilibus possit, qui singulis actionum
partibus insenescat? Sunt autem quibus nihil sit satis;
omnia mutare, omnia aliter dicere, quam occurrit, velint; increduli quidam et de ingenio suo pessime meriti, qui diligentiam putant facere sibi scribendi difficultatem. Nec promptum est dicere, utros peccare vali- 12
dius putem, quibus omnia sua placent an quibus nihil.
Accidit enim etiam ingeniosis adolescentibus frequen
ter, ut labore consumantur et in silentium usque des

cendant nimia bene dicendi cupiditate. Qua de re
memini narrasse mihi Iulium Secundum illum, aequa-
lem meum atque a me, ut notum est, familiariter
amatum, mirae facundiae virum, infinitae tamen curae,
13 quid esset sibi a patruo suo dictum. Is fuit Iulius
Florus, in eloquentia Galliarum, quoniam ibi demum
exercuit eam, princeps, alioqui inter paucos disertus et
dignus illa propinquitate. Is cum Secundum, scholae
adhuc operatum, tristem forte vidisset: interrogavit,
14 quae causa frontis tam adductae? Nec dissimulavit
adolescens, tertium iam diem esse, quod omni labore
materiae ad scribendum destinatae non inveniret exordium; quo sibi non praesens tantum dolor, sed etiam
desperatio in posterum fieret. Tum Florus arridens,
Numquid tu, inquit, *melius dicere vis quam potes?*
15 Ita se res habet. Curandum est, ut quam optime
dicamus; dicendum tamen pro facultate. Ad profec-
tum enim opus est studio non indignatione. Ut possimus autem scribere etiam plura celerius, non exercitatio modo praestabit, in qua sine dubio multum est, sed
etiam ratio; si non resupini spectantesque tectum et
cogitationem murmure agitantes expectaverimus, quid
obveniat; sed quid res poscat, quid personam deceat,
quod sit tempus, qui iudicis animus, intuiti, humano
quodam modo ad scribendum accesserimus. Sic nobis et
16 initia et quae sequuntur natura ipsa praescribit. Certa
sunt enim pleraque et, nisi conniveamus, in oculos in-
currunt; ideoque nec indocti nec rustici diu quaerunt,
unde incipiant; quo pudendum est magis, si difficultatem facit doctrina. Non ergo semper putemus optimum esse quod latet; immutescamus alioqui, si nihil
17 dicendum videatur, nisi quod non invenimus. Diversum est huic eorum vitium, qui primo decurrere per
materiam stilo quam velocissimo volunt et sequentes
calorem atque impetum ex tempore scribunt; hanc
silvam vocant. Repetunt deinde et componunt quae
effuderant; sed verba emendantur et numeri, manet

in rebus temere congestis, quae fuit, levitas. Protinus 18
ergo adhibere curam rectius erit atque ab initio sic opus
ducere, ut caelandum non ex integro fabricandum sit.
Aliquando tamen affectus sequemur, in quibus fere
plus calor quam diligentia valet.

Satis apparet ex eo, quod hanc scribentium negligentiam damno, quid de illis dictandi deliciis sentiam.
Nam in stilo quidem quamlibet properato dat aliquam 19
cogitationi moram non consequens celeritatem eius
manus; ille cui dictamus urget, atque interim pudet
etiam dubitare aut resistere aut mutare, quasi conscium
infirmitatis nostrae timentes. Quo fit, ut non rudia 20
tantum et fortuita sed impropria interim, dum sola est
connectendi sermonis cupiditas, effluant, quae nec
scribentium curam nec dicentium impetum consequantur. At idem ille, qui excipit, si tardior in scribendo
aut incertior in legendo velut offensator fuit: inhibetur
cursus, atque omnis, quae erat, conceptae mentis intentio mora et interdum iracundia excutitur. Tum illa, 21
quae altiorem animi motum sequuntur quaeque ipsa
animum quodammodo concitant, quorum est iactare
manum, torquere vultum, sinum et latus interim obiurgare, quaeque Persius notat, cum leviter dicendi genus
significat,

Nec pluteum, inquit, *caedit nec demorsos sapit ungues*,

etiam ridicula sunt, nisi cum soli sumus. Denique ut 22
semel quod est potentissimum dicam, secretum in dic-
tando perit. Atque liberum arbitris locum et quam
altissimum silentium scribentibus maxime convenire
nemo dubitaverit. Non tamen protinus audiendi, qui
credunt aptissima in hoc nemora silvasque, quod illa
coeli libertas, locorum amoenitas sublimem animum et
beatiorem spiritum parent. Mihi certe iucundus hic 23
magis quam studiorum hortator videtur esse secessus.
Namque illa, quae ipsa delectant, necesse est avocent
ab intentione operis destinati. Neque enim se bona

fide in multa simul intendere animus totum potest, et
quocunque respexit, desinit intueri quod propositum
24 erat. Quare silvarum amoenitas et praeterlabentia
flumina et inspirantes ramis arborum aurae volucrum-
que cantus et ipsa late circumspiciendi libertas ad se
trahunt; ut mihi remittere potius voluptas ista videa-
25 tur cogitationem quam intendere. Demosthenes melius, qui se in locum, ex quo nulla exaudiri vox et ex
quo nihil prospici posset, recondebat, ne aliud agere
mentem cogerent oculi. Ideoque lucubrantes silentium
noctis et clausum cubiculum et lumen unum velut
26 tectos maxime teneat. Sed cum in omni studiorum
genere tum in hoc praecipue bona valetudo, quaeque
eam maxime praestat, frugalitas, necessaria est; cum
tempora ab ipsa rerum natura ad quietem refectionem-
que nobis data in acerrimum laborem convertimus.
Cui tamen non plus irrogandum est quam quod somno
27 supererit, haud deerit. Obstat enim diligentiae scribendi etiam fatigatio, et abunde, si vacet, lucis spatia
sufficiunt; occupatos in noctem necessitas agit. Est
tamen lucubratio, quotiens ad eam integri ac refecti
venimus, optimum secreti genus.

28 Sed silentium et secessus et undique liber animus ut
sunt maxime optanda, ita non semper possunt contingere, ideoque non statim, si quid obstrepet, abiiciendi
codices erunt et deplorandus dies; verum incommodis
repugnandum et hic faciendus usus, ut omnia quae
impedient vincat intentio; quam si tota mente in opus
ipsum direxeris: nihil eorum, quae oculis vel auribus
29 incursant, ad animum perveniet. An vero frequenter
etiam fortuita hoc cogitatio praestat, ut obvios non
videamus et itinere deerremus: non consequemur
idem, si et voluerimus? Non est indulgendum causis
desidiae. Nam si nonnisi refecti, nonnisi hilares, nonnisi omnibus aliis curis vacantes studendum existimari-
mus: semper erit propter quod nobis ignoscamus.
30 Quare in turba, itinere, conviviis etiam faciat sibi cogi-

tatio ipsa secretum. Quid alioqui fiet, cum in medio
foro, tot circumstantibus iudiciis, iurgiis, fortuitis
etiam clamoribus, erit subito continua oratione dicendum, si particulas, quas ceris mandamus, nisi in solitudine reperire non possumus? Propter quae idem ille
tantus amator secreti Demosthenes in litore, in quo se
maximo cum sono fluctus illideret, meditans consuesce-
bat contionum fremitus non expavescere.

Illa quoque minora (sed nihil in studiis parvum est) 31
non sunt transeunda: scribi optime ceris, in quibus
facillima est ratio delendi; nisi forte visus infirmior
membranarum potius usum exiget, quae ut iuvant
aciem, ita crebra relatione, quoad intinguitur, calami
morantur manum et cogitationis impetum frangunt.
Relinquendae autem in utrolibet genere contra erunt 32
vacuae tabellae, in quibus libera adiiciendi sit excursio.
Nam interim pigritiam emendandi angustiae faciunt
aut certe novorum interpositione priora confundant.
Ne latas quidem ultra modum esse ceras velim, exper-
tus iuvenem, studiosum alioqui, praelongos habuisse
sermones, quia illos numero versuum metiebatur, idque
vitium, quod frequenti admonitione corrigi non potue-
rat, mutatis codicibus esse sublatum. Debet vacare 33
etiam locus, in quo notentur quae scribentibus solent
extra ordinem, id est ex aliis, quam qui sunt in manibus
loci, occurrere. Irrumpunt enim optimi nonnunquam
sensus, quos neque inserere oportet neque differre tu-
tum est, quia interim elabuntur, interim memoriae suae
intentos ab alia inventione declinant ideoque optime
sunt in deposito.

QUOMODO EMENDANDUM.

IV. Sequitur emendatio, pars studiorum longe utilissima. Neque enim sine causa creditum est stilum non minus agere, cum delet. Huius autem operis est adiicere, detrahere, mutare. Sed facilius in iis

simpliciusque iudicium, quae replenda vel deiicienda
sunt; premere vero tumentia, humilia extollere, luxuriantia astringere, inordinata digerere, soluta com-
2 ponere, exultantia coercere, duplicis operae. Nam et
damnanda sunt quae placuerunt, et invenienda quae
fugerant. Nec dubium est optimum esse emendandi
genus, si scripta in aliquod tempus reponantur, ut ad
ea post intervallum velut nova atque aliena redeamus,
ne nobis scripta nostra tanquam recentes fetus blandian-
3 tur. Sed neque hoc contingere semper potest praesertim oratori, cui saepius scribere ad praesentes usus
necesse est; et emendatio ipsa finem habeat. Sunt
enim qui ad omnia scripta tanquam vitiosa redeant et,
quasi nihil fas sit rectum esse quod primum est, melius
existiment quidquid est aliud, idque faciant, quotiens
librum in manus resumpserunt, similes medicis etiam
integra secantibus. Accidit itaque, ut cicatricosa sint
4 et exsanguia et cura peiora. Sit ergo aliquando quod
placeat aut certe quod sufficiat, ut opus poliat lima non
exterat. Temporis quoque esse debet modus. Nam
quod Cinnae Zmyrnam novem annis accepimus scrip-
tam, et Panegyricum Isocratis, qui parcissime, decem
annis dicunt elaboratum: ad oratorem nihil pertinet,
cuius nullum erit, si tam tardum fuerit, auxilium.

QUAE SCRIBENDA MAXIME.

V. Proximum est, ut dicamus, *quae praecipue
scribenda sint.* Hoc exuberantis sit quidem operis,
ut explicemus, quae sint materiae; quae prima aut
secunda aut deinceps tractanda sint; nam id factum
est etiam primo libro, quo puerorum, et secundo, quo
robustorum studiis ordinem dedimus; sed, de quo nunc
agitur, unde copia ac facilitas maxime veniat.
2 *Vertere Graeca in Latinum* veteres nostri
oratores optimum iudicabant. Id se L. Crassus in illis

Ciceronis de Oratore libris dicit factitasse. Id Cicero
sua ipse persona frequentissime praecipit, quin etiam
libros Platonis atque Xenophontis edidit hoc genere
translatos. Id Messalae placuit, multaeque sunt ab eo
scriptae ad hunc modum orationes, adeo ut etiam cum
illa Hyperidis pro Phryne difficillima Romanis subtilitate contenderet. Et manifesta est exercitationis 3
huiusce ratio. Nam et rerum copia Graeci auctores
abundant et plurimum artis in eloquentiam intulerunt,
et hos transferentibus verbis uti optimis licet, omnibus
enim utimur nostris. Figuras vero, quibus maxime
ornatur oratio, multas ac varias excogitandi etiam
necessitas quaedam est, quia plerumque a Graecis Ro-
mana dissentiunt.

Sed et illa *ex Latinis conversio* multum et 4
ipsa contulerit. Ac de carminibus quidem neminem
credo dubitare, quo solo genere exercitationis dicitur
usus esse Sulpicius. Nam et sublimis spiritus attollere
orationem potest, et verba poetica libertate audaciora
non praesumunt eadem proprie dicendi facultatem.
Sed et ipsis sententiis adiicere licet oratorium robur et
omissa supplere, effusa substringere. Neque ego para- 5
phrasim esse interpretationem tantum volo sed circa
eosdem sensus certamen atque aemulationem. Ideoque
ab illis dissentio, qui vertere orationes Latinas vetant,
quia optimis occupatis, quidquid aliter dixerimus, necesse sit esse deterius. Nam neque semper est despe-
randum, aliquid illis, quae dicta sunt, melius posse
reperiri; neque adeo ieiunam ac pauperem natura eloquentiam fecit, ut una de re bene dici nisi semel non
possit. Nisi forte histrionum multa circa voces eas- 6
dem variare gestus potest, orandi minor vis, ut dicatur
aliquid, post quod in eadem materia nihil dicendum
sit. Sed esto, neque melius quod invenimus esse neque par: est certe proximis locus. An vero ipsi non 7
bis ac saepius de eadem re dicimus et quidem continuas nonnunquam sententias? Nisi forte contendere

nobiscum possumus, cum aliis non possumus. Nam si
uno genere bene diceretur: fas erat existimari praeclu-
sam nobis a prioribus viam; nunc vero innumerabiles
8 sunt modi plurimaeque eodem viae ducunt. Sua bre-
vitati gratia sua copiae, alia translatis virtus alia propriis, hoc oratio recta illud figura declinata commendat.
Ipsa denique utilissima est exercitationi difficultas.
Quid, quod auctores maximi sic diligentius cognoscun-
tur? Non enim scripta lectione secura transcurrimus
sed tractamus singula et necessario introspicimus et,
quantum virtutis habeant, vel hoc ipso cognoscimus,
quod imitari non possumus.

9 Nec aliena tantum transferre sed etiam nostra pluribus modis tractare proderit: ut ex industria sumamus sententias quasdam easque versemus quam nume-
rosissime, velut eadem cera in alias aliasque formas
10 duci solet. Plurimum autem parari facultatis existimo
ex simplicissima quaque materia. Nam illa multiplici
personarum, causarum, temporum, locorum, dictorum,
factorum diversitate facile delitescet infirmitas, tot se
undique rebus, ex quibus aliquam apprehendas, offeren-
11 tibus. Illud virtutis indicium est, fundere quae natura
contracta sunt, augere parva, varietatem similibus,
voluptatem expositis dare et bene dicere multa de
paucis.

In hoc optime facient infinitae quaestiones,
quas vocari θέσεις diximus, quibus Cicero iam princeps
12 in re publica exerceri solebat. His confinis est destructio et confirmatio sententiarum. Nam
cum sit sententia decretum quoddam atque praeceptum:
quod de re, idem de iudicio rei quaeri potest. Tum
loci communes, quos etiam scriptos ab oratoribus
scimus. Nam qui haec recta tantum et in nullos flexus
recedentia copiose tractaverit, utique in illis plures excursus recipientibus magis abundabit eritque in omnes
13 causas paratus. Omnes enim generalibus quaestionibus constant. Nam quid interest, *Cornelius tribunus*

plebis quod codicem legerit, reus sit; an quaeramus:
Violeturne maiestas, si magistratus rogationem suam
populo ipse recitaverit? *Milo Clodium rectene occide-*
rit, veniat in iudicium; an, *Oporteatne insidiatorem*
interfici vel perniciosum rei publicae civem, etiamsi
non insidietur? *Cato Marciam honestene tradide-*
rit Hortensio; an, *Conveniatne res talis bono viro?*
De personis iudicatur sed de rebus contenditur. De- 14
clamationes vero, quales in scholis rhetorum dicuntur, si modo sunt ad veritatem accommodatae et orationibus similes, non tantum dum adolescit iuvenis sunt
utilissimae, quae inventionem et dispositionem pariter
exercent, sed etiam cum est consummatus ac iam in
foro clarus. Alitur enim atque enitescit, velut pabulo
laetiore facundia et assidua contentionum asperitate
fatigata renovatur. Quapropter historiae nonnun- 15
quam ubertas in aliqua exercendi stili parte ponenda
et dialogorum libertate gestiendum. Ne carmine quidem ludere contrarium fuerit; sicut athletae,
remissa quibusdam temporibus ciborum atque exerci-
tationum certa necessitate, otio et iucundioribus eduliis
reficiuntur. Ideoque mihi videtur M. Tullius tantum 16
intulisse eloquentiae lumen, quod in hos quoque studiorum secessus excurrit. Nam si nobis sola materia
fuerit ex litibus: necesse est deteratur fulgor et durescat articulus et ipse ille mucro ingenii cotidiana
pugna retundatur.

Sed quemadmodum forensibus certaminibus excita- 17
tos et quasi militantes reficit ac reparat haec velut
sagina dicendi: sic adolescentes non debent nimium in
falsa rerum imagine detineri et inanibus se simulacris
usque adeo, ut difficilis ab his digressus sit, assuefacere,
ne ab illa, in qua prope consenuerint, umbra vera discrimina velut quendam solem reformident. Quod ac- 18
cidisse etiam Porcio Latroni, qui primus clari nominis
professor fuit, traditur, ut, cum ei summam in scholis
opinionem obtinenti causa in foro esset oranda, impense

petierit, uti subsellia in basilicam transferrentur. Ita
illi coelum novum fuit, ut omnis eius eloquentia con-
19 tineri tecto ac parietibus videretur. Quare iuvenis,
qui rationem inveniendi eloquendique a praeceptoribus
diligenter acceperit; quod non est infiniti operis, si
docere sciant et velint; exercitationem quoque modi-
cam fuerit consecutus, oratorem sibi aliquem, quod
apud maiores fieri solebat, deligat, quem sequatur,
quem imitetur; iudiciis intersit quam plurimis et sit
20 certaminis, cui destinatur, frequens spectator. Tum
causas vel easdem, quas agi audierit, stilo et ipse com-
ponat, vel etiam alias, veras modo, et utrinque tractet,
et, quod in gladiatoribus fieri videmus, decretoriis ex-
erceatur, ut fecisse Brutum diximus pro Milone. Melius hoc quam rescribere veteribus orationibus, ut fecit
Cestius contra Ciceronis actionem habitam pro eodem,
cum alteram partem satis nosse non posset ex sola
defensione.

21 Citius autem idoneus erit iuvenis, quem praeceptor
coegerit in declamando quam simillimum esse veritati
et per totas ire materias, quarum nunc facillima aut
maxime favorabilia decerpunt. Obstant huic, quod
secundo loco posui, fere turba discipulorum et consuetudo classium certis diebus audiendarum, nonnihil
etiam persuasio patrum numerantium potius declama-
22 tiones quam aestimantium. Sed, quod dixi primo, ut
arbitror, libro, nec ille se bonus praeceptor maiore
numero quam sustinere possit onerabit, et inanem loquacitatem recidet, ut omnia quae sunt in controversia,
non, ut quidem volunt, quae in rerum natura, dicantur; et vel longiore potius dierum spatio laxabit dicendi necessitatem vel materias dividere permittet.
23 Una enim diligenter effecta plus proderit quam plures
inchoatae et quasi degustatae. Propter quod accidit,
ut nec suo loco quidque ponatur, nec illa quae prima
sunt servent suam legem, iuvenibus flosculos omnium
partium in ea quae sunt dicturi congerentibus; quo

fit, ut timentes, ne sequentia perdant, priora confundant.

DE COGITATIONE.

VI. Proxima stilo cogitatio est, quae et ipsa
vires ab hoc accipit, estque inter scribendi laborem ex-
temporalemque fortunam media quaedam et nescio an
usus frequentissimi. Nam scribere nec ubique nec
semper possumus; cogitationi temporis ac loci plurimum est. Haec paucis admodum horis magnas etiam
causas complectitur; haec, quotiens intermissus est
somnus, ipsis noctis tenebris adiuvatur; haec inter
medios rerum actus aliquid invenit vacui nec otium patitur. Neque vero rerum ordinem modo, quod ipsum 2
satis erat, intra se ipsa disponit, sed verba etiam copu-
lat totamque ita contexit orationem, ut ei nihil praeter manum desit. Nam memoriae quoque plerumque
inhaerent fidelius, quae nulla scribendi securitate
laxantur.

Sed ne ad hanc quidem vim cogitandi perveniri potest aut subito aut cito. Nam primum facienda multo 3
stilo forma est, quae nos etiam cogitantes sequatur;
tum assumendus usus paulatim, ut pauca primum com-
plectamur animo, quae reddi fideliter possint; mox per
incrementa tam modica, ut onerari se labor ille non
sentiat, augenda vis et exercitatione multa continenda
est, quae quidem maxima ex parte memoria constat.
Ideoque aliqua mihi in illum locum differenda sunt.
Eo tamen pervenit, ut is, cui non refragetur ingenium, 4
acri studio adiutus tantum consequatur, ut ei tam quae
cogitarit quam quae scripserit atque edidicerit in dicendo fidem servent. Cicero certe Graecorum Metrodo-
rum Scepsium et Empylum Rhodium nostrorumque
Hortensium tradidit, quae cogitaverant, ad verbum in
agendo retulisse.

Sed si forte aliquis inter dicendum effulserit ex- 5

temporalis color, non superstitiose cogitatis demum est inhaerendum. Neque enim tantum habent curae, ut non sit dandus et fortunae locus, cum saepe etiam scriptis ea quae subito nata sunt inserantur. Ideoque totum hoc exercitationis genus ita instituendum est, ut
6 et digredi ex eo et regredi in id facile possimus. Nam ut primum est domo afferre paratam dicendi copiam et certam: ita refutare temporis munera longe stultissimum est. Quare cogitatio in hoc praeparetur, ut nos fortuna decipere non possit, adiuvare possit. Id autem fiet memoriae viribus, ut illa, quae complexi animo sumus, fluant secura; non sollicitos et respicientes et una spe suspensos recordationis non sinant providere. Alioqui vel extemporalem temeritatem malo quam
7 male cohaerentem cogitationem. Peius enim quaeritur retrorsus, quia, dum illa desideramus, ab aliis avertimur, et ex memoria potius res petimus quam ex materia. Plura sunt autem, si utrumque quaerendum est, quae inveniri possunt quam quae inventa sunt.

QUEMADMODUM EXTEMPORALIS FACILITAS PARETUR ET CONTINEATUR.

VII. Maximus vero studiorum fructus est et velut praemium quoddam amplissimum longi laboris *ex tempore dicendi facultas*, quam qui non erit consecutus, mea quidem sententia civilibus officiis renuntiabit et solam scribendi facultatem potius ad alia opera convertet. Vix enim bonae fidei viro convenit auxilium in publicum polliceri, quod praesentissimis quibusque periculis desit; intrare portum ad quem navis
2 accedere nonnisi lenibus ventis vecta possit. Siquidem innumerabiles accidunt subitae necessitates vel apud magistratus vel repraesentatis iudiciis continuo agendi. Quarum si qua, non dico cuicunque innocentium civium sed amicorum ac propinquorum alicui evenerit: stabitne mutus et salutarem petentibus vocem

statimque, si non succurratur, perituris moras et seces-
sum et silentium quaeret, dum illa verba fabricentur et
memoriae insidant et vox ac latus praeparetur? Quae 3
vero patitur hoc oratio, ut quisquam sit orator impara-
tus ad casus? Quid, cum adversario respondendum
erit, fiet? Nam saepe ea, quae opinati sumus, et contra quae scripsimus, fallunt, ac tota subito causa muta-
tur; atque ut gubernatori ad incursus tempestatum, sic
agenti ad varietatem causarum ratio mutanda est.
Quid porro multus stilus et assidua lectio et longa stu- 4
diorum aetas facit, si manet eadem quae fuit incipienti-
bus difficultas? Periisse profecto confitendum est
praeteritum laborem, cui semper idem laborandum est.
Neque ego hoc ago, ut ex tempore dicere malit sed ut
possit. Id autem maxime hoc modo consequemur.

Nota sit primum dicendi via. Neque enim prius 5
contingere cursus potest quam scierimus, quo sit et qua
perveniendum. Nec satis est non ignorare quae sunt
causarum iudicialium partes, aut quaestionum ordinem
recte disponere, quanquam ista sint praecipua; sed
quid quoque loco primum sit ac secundum et deinceps;
quae ita sunt natura copulata, ut mutari aut intervelli
sine confusione non possint. Quisquis autem via dicet, 6
ducetur ante omnia rerum ipsa serie velut duce; propter quod homines etiam modice exercitati facillime
tenorem in narrationibus servant. Deinde, quid quoque loco quaerant, scient, nec circumspectabunt nec
offerentibus se aliunde sensibus turbabuntur nec con-
fundent ex diversis orationem velut salientes huc illuc
nec usquam insistentes. Postremo habebunt modum 7
et finem, qui esse citra divisionem nullus potest. Expletis pro facultate omnibus, quae proposuerint, per-
venisse se ad ultimum sentient.

Et haec quidem ex arte, illa vero ex studio; ut
copiam sermonis optimi, quemadmodum praeceptum

est, comparemus; multo ac fideli stilo sic formetur oratio, ut scriptorum colorem etiam quae subito effusa sint reddant; ut, cum multa scripserimus,
8 etiam multa dicamus. Nam consuetudo et exercitatio facilitatem maxime parit; quae si paululum intermissa fuerit: non velocitas illa modo tardatur, sed ipsum os quoque concurrit. Quanquam enim opus est naturali quadam mobilitate animi, ut, dum proxima dicimus, struere ulteriora possimus, semperque nostram vocem provisa et formata cogitatio exci-
9 piat: vix tamen aut natura aut ratio in tam multiplex officium diducere animum queat, ut inventioni, dispositioni, elocutioni, ordini rerum verborumque, tum iis, quae dicit, quae subiuncturus est, quae ultra spectanda sunt, adhibita vocis, pronuntiationis, gestus observa-
10 tione, una sufficiat. Longe enim praecedat oportet intentio ac prae se res agat, quantumque dicendo consumitur, tantum ex ultimo prorogetur; ut, donec perveniamus ad finem, non minus prospectu procedamus quam gradu, si non intersistentes offensantesque brevia illa atque concisa singultantium modo eiecturi sumus.

11 Est igitur usus quidam irrationalis, quem Graeci *ἄλογον τριβὴν* vocant, qua manus in scribendo decurrit, qua oculi totos simul in lectione versus flexusque eorum et transitus intuentur, et ante sequentia vident quam priora dixerunt. Quo constant miracula illa in scenis pilariorum ac ventilatorum, ut ea quae emiserint ultro venire in manus credas et qua iubentur decurrere.
12 Sed hic usus ita proderit, si ea de qua locuti sumus ars antecesserit, ut ipsum illud, quod in se rationem non habet, in ratione versetur. Nam mihi ne dicere quidem videtur nisi qui disposite, ornate, copiose dicit, sed
13 tumultuari. Nec fortuiti sermonis contextum mirabor unquam, quem iurgantibus etiam mulierculis superfluere video; cum eo quod, si calor ac spiritus tulit, frequenter accidit, ut successum extemporalem con-
14 sequi cura non possit. Deum tunc affuisse, cum id

evenisset, veteres oratores, ut Cicero dicit, aiebant.
Sed ratio manifesta est. Nam bene concepti affectus
et recentes rerum imagines continuo impetu feruntur,
quae nonnunquam mora stili refrigescunt et dilatae
non revertuntur. Utique vero, cum infelix illa verborum cavillatio accessit et cursus ad singula vestigia
restitit, non potest ferri contorta vis, sed, ut optime
vocum singularum cedat electio, non continua sed
composita est.

Quare capiendae sunt illae, de quibus dixi, re- 15
rum imagines, quas vocari *φαντασίας* indicavimus,
omniaque, de quibus dicturi erimus, personae, quaestiones, spes, metus habenda in oculis, in affectus reci-
pienda. Pectus est enim, quod disertos facit, et vis
mentis. Ideoque imperitis quoque, si modo sint aliquo
affectu concitati, verba non desunt. Tum intendendus 16
animus, non in aliquam rem unam sed in plures simul
continuas; ut, si per aliquam rectam viam mittamus
oculos, simul omnia quae sunt in ea circaque intuemur,
non ultimum tantum videmus sed usque ad ultimum.
Ad dicendum etiam pudor stimulos habet et dicendo-
rum expectata laus; mirumque videri potest, quod,
cum stilus secreto gaudeat atque omnes arbitros re-
formidet, extemporalis actio auditorum frequentia, ut
miles concentu signorum, excitatur. Namque et diffi- 17
ciliorem cogitationem exprimit et expellit dicendi necessitas, et secundos impetus auget placendi cupido.
Adeo pretium omnia spectant, ut eloquentia quoque,
quanquam plurimum habeat in se voluptatis, maxime
tamen praesenti fructu laudis opinionisque ducatur.
Nec quisquam tantum fidat ingenio, ut id sibi speret 18
incipienti statim posse contingere; sed, sicut in cogitatione praecipimus, ita facilitatem quoque extemporalem a parvis initiis paulatim perducemus ad summam,
quae neque perfici neque contineri nisi usu potest.
Ceterum pervenire eo debet, ut cogitatio non utique 19
melior sit ea sed tutior; cum hanc facilitatem non

prosa modo multi sint consecuti, sed etiam carmine, ut
Antipater Sidonius et Licinius Archias; credendum
enim Ciceroni est; non quia nostris quoque temporibus
non et fecerint quidam hoc et faciant. Quod tamen
non ipsum tam probabile puto, (neque enim habet aut
usum res aut necessitatem) quam exhortandis in hanc
20 spem, qui foro praeparantur, utile exemplum. Neque
vero tanta esse unquam debet fiducia facilitatis, ut non
breve saltem tempus, quod nusquam fere deerit, ad ea
quae dicturi simus dispicienda sumamus; in iudiciis ac
foro datur semper. Neque enim quisquam est, qui
21 causam quam non didicerit agat. Declamatores quosdam perversa ducit ambitio, ut, exposita controversia,
protinus dicere velint; quin etiam, quod est in primis
frivolum ac scenicum, verbum petant, quo incipiant.
Sed tam contumeliosos in se ridet invicem eloquentia,
et qui stultis videri eruditi volunt, stulti eruditis iudi-
22 cantur. Si qua tamen fortuna tam subitam fecerit
agendi necessitatem: mobiliore quodam opus erit ingenio, et vis omnis intendenda rebus, et in praesentia re-
mittendum aliquid ex cura verborum, si consequi
utrumque non dabitur. Tum et tardior pronuntiatio
moras habet et suspensa ac velut dubitans oratio, ut
23 tamen deliberare non haesitare videamur. Hoc, dum
egredimur e portu, si nos, nondum aptatis satis arma-
mentis, aget ventus; deinde paulatim simul euntes
aptabimus vela et disponemus rudentes et impleri sinus
optabimus. Id potius, quam se inani verborum tor-
renti dare quasi tempestatibus, quo volent, auferendum.
24 Sed non minore studio continetur haec facultas
quam paratur. Ars enim semel percepta non labitur,
stilus quoque intermissione paululum admodum de
celeritate deperdit; promptum hoc et in expedito positum exercitatione sola continetur. Hac uti sic optimum
est, ut cotidie dicamus audientibus pluribus, maxime
de quorum simus iudicio atque opinione solliciti; rarum est enim, ut satis se quisque vereatur. Vel soli

tamen dicamus potius quam omnino non dicamus. Est 25
et illa exercitatio cogitandi totasque materias vel silen-
tio (dum tamen quasi dicat intra se ipsum) persequen-
di, quae nullo non et tempore et loco, quando non
aliud agimus, explicari potest, et est in parte utilior
quam haec proxima. Diligentius enim componitur 26
quam illa, in qua contextum dicendi intermittere vere-
mur. Rursus in alia plus prior confert, vocis firmitatem, oris facilitatem, motum corporis, qui et ipse, ut
dixi, excitat oratorem et iactatione manus, pedis sup-
plosione, sicut cauda leones facere dicuntur, hortatur.
Studendum vero semper et ubique. Neque enim 27
fere tam est ullus dies occupatus, ut nihil lucrativae,
ut Cicero Brutum facere tradit, operae ad scribendum
aut legendum aut dicendum rapi aliquo momento temporis possit. Siquidem C. Carbo etiam in tabernaculo
solebat hac uti exercitatione dicendi. Ne id quidem 28
tacendum, quod eidem Ciceroni placet, nullum nostrum
usquam negligentem esse sermonem; quidquid loque-
mur ubicunque, sit pro sua scilicet portione perfectum.
Scribendum certe nunquam est magis, quam cum multa dicemus ex tempore. Ita enim servabitur pondus,
et innatans illa verborum facilitas in altum reducetur;
sicut rustici proximas vitis radices amputant, quae
illam in summum solum ducunt, ut inferiores penitus
descendendo firmentur. Ac nescio an, si utrumque 29
cum cura et studio fecerimus, invicem prosit, ut scribendo dicamus diligentius, dicendo scribamus facilius.
Scribendum ergo, quotiens licebit; si id non dabitur,
cogitandum; ab utroque exclusi debent tamen anniti,
ut neque deprehensus orator neque litigator destitutus
esse videatur.

Plerumque autem multa agentibus accidit, ut maxi- 30
me necessaria et utique initia scribant, cetera quae
domo afferunt cogitatione complectantur, subitis ex
tempore occurrant. Quod fecisse M. Tullium commentariis ipsius apparet. Sed feruntur aliorum quoque et

inventi forte, ut eos dicturus quisque composuerat, et
in libros digesti, ut causarum, quae sunt actae a Ser.
Sulpicio, cuius tres orationes extant; sed hi de quibus
loquor commentarii ita sunt exacti, ut ab ipso mihi in
31 memoriam posteritatis videantur esse compositi. Nam
Ciceronis ad praesens modo tempus aptatos libertus
Tiro contraxit; quos non ideo excuso, quia non probem, sed ut sint magis admirabiles. In hoc genere
prorsus recipio hanc brevem annotationem libellosque,
qui vel manu teneantur, et ad quos interim respicere
32 fas sit. Illud quod Laenas praecipit displicet mihi, vel
in his quae scripserimus summas in commentarium et
capita conferre. Facit enim ediscendi negligentiam
haec ipsa fiducia et lacerat ac deformat orationem.
Ego autem ne scribendum quidem puto, quod non
simus memoria persecuturi. Nam id quoque accidit,
ut revocet nos cogitatio ad illa elaborata nec sinat
33 praesentem fortunam experiri. Sic anceps inter utrumque animus aestuat, cum et scripta perdidit et non
quaerit nova. Sed de memoria destinatus est libro
proximo locus nec huic parti subiungendus, quia sunt
alia prius nobis dicenda.

M. FABII QUINTILIANI

DE

INSTITUTIONE ORATORIA.

LIBER DUODECIMUS.

Libro duodecimo haec continentur: Prooemium. Non posse oratorem esse nisi virum bonum. Cognoscenda oratori, quibus mores formantur. Necessariam iuris civilis oratori scientiam. Item historiarum. Quae sint artis oratoriae instrumenta. Quod sit incipiendi causas agere tempus. Quae in suscipiendis causis oratori observanda sint. Quae in discendis. Quae in agendis. De genere dicendi. Quae post finem studia.

PROOEMIUM.

VENTUM est ad partem operis destinati longe gravissimam. Cuius equidem onus si tantum opinione prima concipere potuissem, quanto me premi ferens sentio: maturius consuluissem vires meas. Sed initio pudor omittendi, quae promiseram, tenuit; mox, quanquam per singulas prope partes labor cresceret, ne perderem, quae iam effecta erant, per omnes difficultates animo
me sustentavi. Quare nunc quoque, licet maior quam 2
unquam moles premat, tamen prospicienti finem mihi constitutum est vel deficere potius quam desperare. Fefellit autem, quod initium a parvis ceperamus. Mox velut aura sollicitante provecti longius, dum tamen nota illa et plerisque artium scriptoribus tractata praecipimus, nec adhuc a litore procul videbamur et multos circa velut iisdem se ventis credere ausos habebamus.
Iam cum eloquendi rationem novissime repertam pau- 3
cissimisque temptatam ingressi sumus: rarus qui tam

procul a portu recessisset, reperiebatur. Postquam vero nobis ille, quem instituebamus, orator a dicendi magistris dimissus aut suo iam impetu fertur, aut maiora sibi auxilia ex ipsis sapientiae penetralibus petit: quam in altum simus ablati, sentire coepimus.
4 Nunc *coelum undique et undique pontus.* Unun modo in illa immensa vastitate cernere videmur M. Tullium, qui tamen ipse, quamvis tanta atque ita instructa nave hoc mare ingressus, contrahit vela inhibetque remos et de ipso demum genere dicendi, quo sit usurus perfectus orator, satis habet dicere. At nostra temeritas etiam mores ei conabitur dare et assignabit officia. Ita nec antecedentem consequi possumus, et longius eundum est, ut res feret. Et probabilis tamen cupiditas honestorum et velut tutioris audentiae est temptare, quibus paratior venia est.

NON POSSE ORATOREM ESSE NISI VIRUM BONUM.

I. Sit ergo nobis orator, quem constituimus, is, qui a M. Catone finitur, vir bonus dicendi peritus; verum, id quod et ille posuit prius, et ipsa natura potius ac maius est, utique vir bonus. Id non eo tantum, quod, si vis illa dicendi malitiam instruxerit, nihil sit publicis privatisque rebus perniciosius eloquentia, nosque ipsi, qui pro virili parte conferre aliquid ad facultatem dicendi conati sumus, pessime mereamur de rebus humanis, si latroni comparamus haec
2 arma, non militi. Quid de nobis loquor? Rerum ipsa natura in eo, quod praecipue indulsisse homini videtur, quoque nos a ceteris animalibus separasse, non parens sed noverca fuerit, si facultatem dicendi, sociam scelerum, adversam innocentiae, hostem veritatis invenit. Mutos enim nasci et egere omni ratione satius fuisset, quam providentiae munera in mutuam perniciem con-
3 vertere. Longius tendit hoc iudicium meum. Neque

enim tantum id dico, eum, qui sit orator, virum bonum
esse oportere, sed ne futurum quidem oratorem nisi
virum bonum. Nam certe neque intelligentiam con-
cesseris iis, qui, proposita honestorum ac turpium via,
peiorem sequi malent, neque prudentiam, cum in gra-
vissimas frequenter legum, semper vero malae con-
scientiae, poenas a semet ipsis improviso rerum exitu
induantur. Quodsi neminem malum esse nisi stultum 4
eundem, non modo sapientibus dicitur, sed vulgo quoque semper est creditum: certe non fiet unquam stul-
tus orator. Adde quod ne studio quidem operis pulcherrimi vacare mens, nisi omnibus vitiis libera, potest:
primum quod in eodem pectore nullum est honestorum
turpiumque consortium, et cogitare optima simul ac
deterrima non magis est unius animi, quam eiusdem
hominis bonum esse ac malum; tum illa quoque ex 5
causa, quod mentem tantae rei intentam vacare omnibus aliis etiam culpa carentibus curis oportet. Ita
demum enim libera ac tota, nulla distringente atque
alio ducente causa, spectabit id solum, ad quod accingi-
tur. Quodsi agrorum nimia cura et sollicitior rei fami- 6
liaris diligentia et venandi voluptas et dati spectaculis
dies multum studiis auferunt (huic enim rei perit tempus, quodcunque alteri datur): quid putamus facturas
cupiditatem, avaritiam, invidiam, quarum impotentissi-
mae cogitationes somnos etiam et illa per quietem visa
perturbant? Nihil est enim tam occupatum, tam mul- 7
tiforme, tot ac tam variis affectibus concisum atque
laceratum quam mala mens. Nam et cum insidiatur:
spe, curis, labore distringitur; et iam cum sceleris
compos fuit: sollicitudine, poenitentia, poenarum omnium expectatione torquetur. Quis inter haec litteris
aut ulli bonae arti locus? Non hercule magis quam
frugibus in terra sentibus ac rubis occupata. Age, 8
non ad perferendos studiorum labores necessaria frugalitas? Quid igitur ex libidine ac luxuria spei?
Non praecipue acuit ad cupiditatem litterarum amor

laudis? Num igitur malis esse laudem curae putamus? Iam hoc quis non videt, maximam partem orationis in tractatu aequi bonique consistere? Dicetne
de his secundum debitam rerum dignitatem malus
9 atque iniquus? Denique, ut maximam partem quaes-
tionis eximam, demus, id quod nullo modo fieri potest,
idem ingenii, studii, doctrinae, pessimo atque optimo
viro: uter melior dicetur orator? Nimirum qui homo
quoque melior. Non igitur unquam malus idem homo
10 et perfectus orator. Non enim perfectum est quidquam, quo melius est aliud. Sed, ne more Socraticorum nobismet ipsi responsum finxisse videamur, sit
aliquis adeo contra veritatem obstinatus, ut audeat
dicere, eodem ingenio, studio, doctrina praeditum nihilo
deteriorem futurum oratorem malum virum quam
11 bonum: convincamus huius quoque amentiam. Nam
hoc certe nemo dubitabit, omnem orationem id agere,
ut iudici, quae proposita fuerint, vera et honesta videantur. Utrum igitur hoc facilius bonus vir persuadebit
an malus? Bonus quidem dicet saepius vera atque
12 honesta. Sed etiam si quando aliquo ductus officio
(quod accidere, ut mox docebimus, potest) falso haec
affirmare conabitur: maiore cum fide necesse est au-
diatur. At malis hominibus ex contemptu opinionis et
ignorantia recti nonnunquam excidit ipsa simulatio.
Inde immodeste proponunt, sine pudore affirmant.
13 Sequitur in iis, quae certum est effici non posse, defor-
mis pertinacia et irritus labor. Nam sicut in vita, in
causis quoque, spes improbas habent. Frequenter
autem accidit, ut his etiam vera dicentibus fides desit,
videaturque talis advocatus malae causae argumentum.
14 Nunc de iis dicendum est, quae mihi quasi con-
spiratione quadam vulgi reclamari videntur. Orator
ergo Demosthenes non fuit? atqui malum virum accepimus. Non Cicero? atqui huius quoque mores multi
reprehenderunt. Quid agam? magna responsi invidia
15 subeunda est, mitigandae sunt prius aures. Mihi enim

nec Demosthenes tam gravi morum dignus videtur
invidia, ut omnia, quae in eum ab inimicis congesta
sunt, credam, cum pulcherrima eius in re publica consilia et finem vitae clarum legam; nec Marco Tullio 16
defuisse video in ulla parte civis optimi voluntatem.
Testimonio est actus nobilissime consulatus, integer-
rime provincia administrata et repudiatus vigintiviratus,
et civilibus bellis, quae in aetatem eius gravissima in-
ciderunt, neque spe neque metu declinatus animus, quo
minus optimis se partibus, id est rei publicae, iungeret.
Parum fortis videtur quibusdam, quibus optime respon- 17
dit ipse, *non se timidum in suscipiendis sed in provi-
dendis periculis;* quod probavit morte quoque ipsa,
quam praestantissimo suscepit animo. Quodsi defuit 18
his viris summa virtus: sic quaerentibus, an oratores
fuerint, respondebo, quomodo Stoici, si interrogentur,
an sapiens Zeno, an Cleanthes, an Chrysippus, respondeant, *Magnos quidem illos ac venerabiles, non tamen
id, quod natura hominis summum habet, consecutos.*
Nam et Pythagoras non sapientem se, ut qui ante eum 19
fuerunt, sed studiosum sapientiae vocari voluit. Ego
tamen secundum communem loquendi consuetudinem
saepe dixi dicamque, perfectum oratorem esse Ciceronem; ut amicos et bonos viros et prudentissimos dicimus vulgo, quorum nihil nisi perfecte sapienti datur.
Sed cum proprie et ad legem ipsam veritatis loquendum erit: eum quaeram oratorem, quem et ille quaerebat. Quanquam enim stetisse ipsum in fastigio fateor, 20
ac vix, quid adiici potuerit, invenio, fortasse inventurus, quod adhuc abscisurum putem fuisse—nam et fere
sic docti iudicaverunt, plurimum in eo virtutum, nonnihil fuisse vitiorum, et ipse se multa ex iuvenili abundantia coercuisse testatur—tamen, quando nec sapientis
sibi nomen, minime sui contemptor, asseruit et melius
dicere, certe data longiore vita et tempore ad componendum securiore, potuisset: non maligne crediderim,
defuisse ei summam illam, ad quam nemo propius ac-

21 cessit. Et licebat, si aliter sentirem, fortius id liberius-
que defendere. An vero M. Antonius neminem a se
visum eloquentem, quod tanto minus erat, professus
est; ipse etiam M. Tullius quaerit adhuc eum, et tantum imaginatur ac fingit: ego non audeam dicere,
aliquid in hac, quae superest, aeternitate inveniri posse
22 eo, quod fuerit, perfectius? Transeo illos, qui Ciceroni ac Demostheni ne in eloquentia quidem satis tri-
buunt; quanquam neque ipsi Ciceroni Demosthenes
videatur satis esse perfectus, quem dormitare interim
dicit, nec Cicero Bruto Calvoque, qui certe composi-
tionem illius etiam apud ipsum reprehendunt, nec
Asinio utrique, qui vitia orationis eius etiam inimice
pluribus locis insequuntur.
23 Concedamus sane, quod minime natura patitur, re-
pertum esse aliquem malum virum summe disertum:
nihilo tamen minus oratorem eum negabo. Nec omnibus, qui fuerint manu prompti, viri fortis nomen conces-
serim, quia sine virtute intelligi non potest fortitudo.
24 An ei, qui ad defendendas causas advocatur, non est
opus fide, quam nec cupiditas corrumpat nec gratia
avertat nec metus frangat; sed proditorem, transfugam,
praevaricatorem donabimus oratoris illo sacro nomine?
Quodsi mediocribus etiam patronis convenit haec, quae
vulgo dicitur, bonitas: cur non orator ille, qui nondum
fuit sed potest esse, tam sit moribus quam dicendi
25 virtute perfectus? Non enim forensem quandam in-
stituimus operam nec mercenariam vocem nec, ut asperioribus verbis parcamus, non inutilem sane litium
advocatum, quem denique causidicum vulgo vocant;
sed virum cum ingenii natura praestantem tum vero tot
pulcherrimas artes penitus mente complexum, datum
tandem rebus humanis, qualem nulla antea vetustas
cognoverit, singularem perfectumque undique, optima
26 sentientem optimeque dicentem. In hoc quota pars
erit, quod aut innocentes tuebitur aut improborum
scelera compescet, aut in pecuniariis quaestionibus

veritati contra calumniam aderit? Summus ille quidem in his quoque operibus fuerit, sed maioribus clarius
elucebit, cum regenda senatus consilia et popularis
error ad meliora ducendus. An non talem quendam 27
videtur finxisse Vergilius, quem in seditione vulgi iam
faces et saxa iaculantis moderatorem dedit:

Tum pietate gravem ac meritis si forte virum quem
Conspexere, silent arrectisque auribus astant?

Habemus igitur ante omnia virum bonum, post haec
adiiciet dicendi peritum:

Ille regit dictis animos et pectora mulcet.

Quid? non in bellis quoque idem ille vir, quem in- 28
stituimus, si sit ad proelium miles cohortandus, ex
mediis sapientiae praeceptis orationem trahet? Nam
quomodo pugnam ineuntibus tot simul metus laboris,
dolorum, postremo mortis ipsius exciderint, nisi in
eorum locum pietas et fortitudo et honesti praesens
imago successerit? Quae certe melius persuadebit 29
aliis, qui prius persuaserit sibi. Prodit enim se, quamlibet custodiatur, simulatio; nec unquam tanta fuerit
loquendi facultas, ut non titubet atque haereat, quotiens ab animo verba dissentiunt. Vir autem malus
aliud dicat necesse est quam sentit. Bonos nunquam 30
honestus sermo deficiet, nunquam rerum optimarum
(nam iidem etiam prudentes erunt) inventio; quae
etiamsi lenociniis destituta sit, satis tamen natura sua
ornatur nec quidquam non diserte, quod honeste, dicitur. Quare, iuventus, immo omnes aetates, (neque 31
enim rectae voluntati serum est tempus ullum) totis
mentibus huc tendamus, in hoc elaboremus; forsan et
consummare contingat. Nam si natura non prohibet
et esse virum bonum et esse dicendi peritum: cur non
aliquis etiam unus utrumque consequi possit? cur
autem non se quisque speret fore illum aliquem? Ad 32

quod si vires ingenii non sufficerent: tamen ad quem usque modum processerimus, meliores erimus ex utroque. Hoc certe procul eximatur animo, rerum pulcherrimam eloquentiam cum vitiis mentis posse misceri. Facultas dicendi, si in malos incidit, et ipsa iudicanda est malum; peiores enim illos facit, quibus contigit.

33 Videor mihi audire quosdam (neque enim deerunt unquam, qui diserti esse quam boni malint) illa dicentes: Quid ergo tantum est artis in eloquentia? cur tu de coloribus et difficilium causarum defensione, nonnihil etiam de confessione locutus es, nisi aliquando vis ac facultas dicendi expugnat ipsam veritatem? Bonus enim vir non agit nisi bonas causas, eas porro etiam
34 sine doctrina satis per se tuetur veritas ipsa. Quibus ego, cum de meo primum opere respondero, etiam pro boni viri officio, si quando eum ad defensionem nocentium ratio duxerit, satisfaciam. Tractare enim, quomodo aut pro falsis aut etiam pro iniustis aliquando dicatur, non est inutile, vel propter hoc solum, ut ea facilius et deprehendamus et refellamus; quemadmodum remedia melius adhibebit, cui nota, quae nocent,
35 fuerint. Neque enim Academici, cum in utramque disseruerunt partem, non secundum alteram vivent; nec Carneades ille, qui Romae audiente Censorio Catone non minoribus viribus contra iustitiam dicitur disseruisse quam pridie pro iustitia dixerat, iniustus ipse vir fuit. Verum et virtus quid sit, adversa ei malitia detegit, et aequitas fit ex iniqui contemplatione manifestior, et plurima contrariis probantur. Debent ergo oratori sic esse adversariorum nota consilia ut
36 hostium imperatori. Verum et illud, quod prima propositione durum videtur, potest afferre ratio, ut vir bonus in defensione causae velit auferre aliquando iudici veritatem. Quod si quis a me proponi mirabitur, (quanquam non est haec mea proprie sententia sed eorum, quos gravissimos sapientiae magistros aetas

vetus credidit) sic iudicet, pleraque esse, quae non tam
factis quam causis eorum vel honesta fiant vel turpia.
Nam si hominem occidere saepe virtus, liberos necare 37
nonnunquam pulcherrimum est: asperiora quaedam
adhuc dictu, si communis utilitas exegerit, facere conceditur; ne hoc quidem nudum est intuendum, qualem
causam vir bonus, sed etiam quare, et qua mente de-
fendat. Ac primum concedant mihi omnes oportet, 38
quod Stoicorum quoque asperrimi confitentur, factu-
rum aliquando virum bonum, ut mendacium dicat,
et quidem nonnunquam levioribus causis: ut in pueris
aegrotantibus utilitatis eorum gratia multa fingimus,
multa non facturi promittimus; nedum si ab homine 39
occidendo grassator avertendus sit, aut hostis pro sa-
lute patriae fallendus; ut hoc, quod alias in servis quoque reprehendendum est, sit alias in ipso sapiente lau-
dandum. Id si constiterit, multa iam video posse
evenire, propter quae orator bene suscipiat tale causae
genus, quale, remota ratione honesta, non recepisset.
Nec hoc dico, quia severiores sequi placet leges, pro 40
patre, fratre, amico periclitantibus; tametsi non me-
diocris haesitatio est, hinc iustitiae proposita imagine,
inde pietatis. Nihil dubii relinquamus. Sit aliquis
insidiatus tyranno atque ob id reus: utrumne salvum
eum nolet is, qui a nobis finitur, orator? an, si tuendum
susceperit, non tam falsis defendet, quam qui apud
iudices malam causam tuetur? Quid si quaedam bene 41
facta damnaturus est iudex, nisi ea non esse facta con-
vicerimus: non vel hoc modo servabit orator non inno-
centem modo sed etiam laudabilem civem? Quid si
quaedam iusta natura sed condicione temporum inuti-
lia civitati sciemus: nonne utemur arte dicendi, bona
quidem, sed malis artibus simili? Ad hoc nemo dubi- 42
tabit, quin, si nocentes mutari in bonam mentem aliquo modo possint, sicut posse interdum conceditur,
salvos esse magis e re publica sit quam puniri. Si
liqueat igitur oratori, futurum bonum virum, cui vera

43 obiicientur: non id aget, ut salvus sit? Da nunc, ut
crimine manifesto prematur dux bonus, et sine quo
vincere hostem civitas non possit: nonne ei communis
utilitas oratorem advocabit? Certe Fabricius Corne-
lium Rufinum, et alioqui malum civem et sibi inimi-
cum, tamen, quia utilem sciebat ducem, imminente
bello, palam consulem suffragio suo fecit atque admi-
rantibus quibusdam respondit, *A cive se spoliari malle
quam ab hoste venire.* Ita, si fuisset orator, non de-
fendisset eundem Rufinum vel manifesti peculatus
44 reum? Multa dici possunt similia, sed vel unum ex
iis quodlibet sufficit. Non enim hoc agimus, ut istud
illi, quem formamus, viro saepe sit faciendum; sed ut,
si talis coegerit ratio, sit tamen vera finitio, *oratorem
45 esse virum bonum dicendi peritum.* Praecipere vero
ac discere, quomodo etiam probatione difficilia tractentur, necessarium est. Nam frequenter etiam optimae causae similes sunt malis, et innocens reus multis
verisimilibus premitur; quo fit, ut eadem actionis ratione defendendus sit, qua, si nocens esset. Iam in-
numerabilia sunt bonis causis malisque communia, testes, litterae, suspiciones, opiniones. Non aliter autem
verisimilia quam vera et confirmantur et refelluntur.
Quapropter, ut res feret, flectetur oratio, manente
honesta voluntate.

COGNOSCENDA ORATORI QUIBUS MORES FORMANTUR.

II. Quando igitur orator est vir bonus, is autem
citra virtutem intelligi non potest; virtus, etiamsi
quosdam impetus ex natura sumit, tamen perficienda
doctrina est: mores ante omnia oratori studiis erunt
excolendi, atque omnis honesti iustique disciplina per-
tractanda, sine qua nemo nec vir bonus esse nec dicen-
2 di peritus potest. Nisi forte accedimus iis, qui natura
constare mores et nihil adiuvari disciplina putant; scili-

cet ut ea, quae manu fiunt, atque eorum etiam contemp-
tissima confiteantur egere doctoribus, virtutem vero,
qua nihil homini, quo ad deos immortales propius acce-
deret, datum est, obviam et illaboratam, tantum quia
nati simus, habeamus. Abstinens erit, qui id ipsum,
quid sit abstinentia, ignoret? Et fortis, qui metus 3
doloris, mortis, superstitionis nulla ratione purgaverit?
Et iustus, qui aequi bonique tractatum, qui leges, quaeque natura sunt omnibus datae, quaeque propriae po-
pulis et gentibus constitutae, nunquam eruditiore aliquo sermone tractarit? O quam istud parum putant,
quibus tam facile videtur! Sed hoc transeo, de quo 4
neminem, qui litteras vel primis, ut aiunt, labris degu-
starit, dubitaturum puto. Ad illud sequens praevertar, ne dicendi quidem satis peritum fore, qui non et
naturae vim omnem penitus perspexerit, et mores
praeceptis ac ratione formarit. Neque enim frustra in 5
tertio de Oratore libro L. Crassus cuncta, quae de
aequo, iusto, vero, bono deque iis, quae sunt contra
posita, dicantur, propria esse oratoris affirmat, ac philosophos, cum ea dicendi viribus tuentur, uti rhetorum
armis, non suis. Idem tamen confitetur, ea iam esse a
philosophia petenda, videlicet quia magis haec illi
videtur in possessione earum rerum fuisse. Hinc 6
etiam illud est, quod Cicero pluribus et libris et epistolis testatur, dicendi facultatem ex intimis sapientiae
fontibus fluere, ideoque aliquamdiu praeceptores eosdem fuisse morum atque dicendi. Quapropter haec
exhortatio mea non eo pertinet, ut esse oratorem phi-
losophum velim, quando non alia vitae secta longius a
civilibus officiis atque ab omni munere oratoris reces-
sit. Nam quis philosophorum aut in iudiciis frequens 7
aut clarus in contionibus fuit? Quis denique in ipsa,
quam maxime plerique praecipiunt, rei publicae admin-
istratione versatus est? Atqui ego illum, quem insti-
tuo, Romanum quendam velim esse sapientem, qui
non secretis disputationibus sed rerum experimentis

8 atque operibus vere civilem virum exhibeat. Sed quia deserta ab his, qui se ad eloquentiam contulerunt, studia sapientiae non iam in actu suo atque in hac fori luce versantur sed in porticus et in gymnasia primum, mox in conventus scholarum recesserunt: id, quod est oratori necessarium nec a dicendi praeceptoribus traditur, ab iis petere nimirum necesse est, apud quos remansit, evolvendis penitus auctoribus, qui de virtute praecipiunt; ut oratoris vita cum scientia divinarum
9 rerum sit humanarumque coniuncta. Quae ipsae quanto maiores ac pulchriores viderentur, si illas ii docerent, qui etiam eloqui praestantissime possent? Utinamque sit tempus unquam, quo perfectus aliquis, qualem optamus, orator hanc artem, superbo nomine et vitiis quorundam bona eius corrumpentium invisam, vindicet sibi ac, velut rebus repetitis, in corpus elo-
10 quentiae adducat. Quae quidem cum sit in tris divisa partes, n a t u r a l e m, m o r a l e m, r a t i o n a l e m: qua tandem non est cum oratoris opere coniuncta?

Nam ut ordinem retro agamus, de ultima illa, quae tota versatur in verbis, nemo dubitaverit, si et proprietates vocis cuiusque nosse et ambigua aperire et perplexa discernere et de falsis iudicare et colligere ac
11 resolvere, quae velis, oratorum est. Quanquam ea non tam est minute atque concise in actionibus utendum quam in disputationibus, quia non docere modo sed movere etiam ac delectare audientes debet orator, ad quod impetu quoque ac viribus et decore est opus; ut vis amnium maior est altis ripis multoque gurgitis tractu fluentium quam tenuis aquae et obiectu lapillo-
12 rum resultantis. Et ut palaestrici doctores illos, quos numeros vocant, non idcirco discentibus tradunt, ut his omnibus, qui didicerunt, in ipso luctandi certamine utantur, (plus enim pondere et firmitate et spiritu agitur) sed ut sit copia illa, ex qua unum aut alterum,
13 cuius se occasio dederit, efficiant: ita haec pars d i a l e c t i c a, sive illam dicere malumus d i s p u t a t r i c e m,

ut est utilis saepe et finitionibus et comprehensionibus
et separandis, quae sunt differentia, et resolvenda ambiguitate et distinguendo, dividendo, illiciendo, implicando: ita, si totum sibi vindicaverit in foro certamen,
obstabit melioribus et sectas ad tenuitatem suam vires
ipsa subtilitate consumet. Itaque reperias quosdam in 14
disputando mire callidos, cum ab illa cavillatione dis-
cesserint, non magis sufficere in aliquo graviore actu
quam parva quaedam animalia, quae, in angustiis mo-
bilia, campo deprehenduntur.

Iam quidem pars illa moralis, quae dicitur 15
Ethice, certe tota oratori est accommodata. Nam
in tanta causarum, sicut superioribus libris diximus,
varietate, cum alia coniectura quaerantur, alia finitionibus concludantur, alia iure summoveantur vel transferantur, alia colligantur vel ipsa inter se concurrant
vel in diversum ambiguitate ducantur: nulla fere dici
potest, cuius non aliqua in parte tractatus aequi ac
boni reperiatur; plerasque vero esse quis nescit, quae
totae in sola qualitate consistant? In consiliis vero 16
quae ratio suadendi est ab honesti quaestione seposita?
Quid illa etiam pars tertia, quae laudandi ac vitupe-
randi officiis continetur? Nempe in tractatu recti 17
pravique versatur. An de iustitia, fortitudine, abstinentia, temperantia, pietate non plurima dicet orator?
Sed ille vir bonus, qui haec non vocibus tantum sibi
nota atque nominibus aurium tenus in usum linguae
perceperit, sed qui virtutes ipsas mente complexus ita
sentiat, nec in cogitando laborabit et, quod sciet, vere
dicet. Cum sit omnis generalis quaestio speciali po- 18
tentior, quia universo pars continetur, non utique accedit parti, quod universum est: profecto nemo dubitabit, generales quaestiones in illo maxime studiorum
more versatas. Iam vero cum sint multa propriis bre- 19
vibusque comprehensionibus finienda, unde etiam status causarum dicitur finitivus: nonne ad id quoque
instrui ab iis, qui plus in hoc studii dederunt, oportet?

Quid? non quaestio iuris omnis aut verborum proprietate aut aequi disputatione aut voluntatis coniectura
continetur? quorum pars ad rationalem, pars ad mora-
20 lem, tractatum redundat. Ergo natura permixta est
omnibus istis oratio, quae quidem oratio est vere. Nam
ignara quidem huiusce doctrinae loquacitas erret necesse est, ut quae vel nullos vel falsos duces habeat.

Pars vero *naturalis*, cum est ad exercitationem
dicendi tanto ceteris uberior, quanto maiore spiritu de
divinis rebus quam humanis loquendum est, tum illam
etiam moralem, sine qua nulla esse, ut docuimus, oratio
21 potest, totam complectitur. Nam si regitur providentia mundus: administranda certe bonis viris erit res
publica; si divina nostris animis origo: tendendum ad
virtutem nec voluptatibus terreni corporis serviendum.
An haec non frequenter tractabit orator? An de
auguriis, responsis, religione denique omni, de quibus
maxima saepe in senatu consilia versata sunt, non erit
ei disserendum, si quidem, ut nobis placet, futurus est
vir civilis idem? Quae denique intelligi saltem potest
22 eloquentia hominis optima nescientis? Haec si ratione
manifesta non essent: exemplis tamen crederemus.
Siquidem et Periclem, cuius eloquentiae, etiamsi nulla
ad nos monumenta venerunt, vim tamen quandam in-
credibilem cum historici tum etiam, liberrimum homi-
num genus, comici veteres tradunt, Anaxagorae physici constat auditorem fuisse, et Demosthenem, principem omnium Graeciae oratorum, dedisse operam Pla-
23 toni. Nam M. Tullius, non tantum se debere scholis
rhetorum, quantum Academiae spatiis, frequenter ipse
testatur; neque se tanta in eo unquam fudisset ubertas,
si ingenium suum consepto fori non ipsius rerum naturae finibus terminasset.

Verum ex hoc alia mihi quaestio exoritur, quae
secta conferre plurimum eloquentiae possit; quanquam
24 ea non inter multas potest esse contentio. Nam in
primis nos *Epicurus* a se ipse dimittit, qui fugere

omnem disciplinam navigatione quam velocissima
iubet. Neque vero Aristippus, summum in voluptate corporis bonum ponens, ad hunc nos laborem hortatur. Pyrrhon quidem quas in hoc opere habere
partes potest? cui iudices esse, apud quos verba faciat,
et reum, pro quo loquatur, et senatum, in quo sit dicenda sententia, non liquebit. Academiam quidam 25
utilissimam credunt, quod mos in utramque partem
disserendi ad exercitationem forensium causarum pro-
xime accedat. Adiiciunt loco probationis, quod ea
praestantissimos in eloquentia viros ediderit. Peripatetici studio quoque se quodam oratorio iactant.
Nam theses dicere exercitationis gratia fere est ab iis
institutum. Stoici, sicut copiam nitoremque eloquentiae fere praeceptoribus suis defuisse concedant
necesse est, ita nullos aut probare acrius aut con-
cludere subtilius contendunt. Sed haec inter ipsos, 26
qui velut sacramento rogati vel etiam superstitione
constricti nefas ducant a suscepta semel persuasione
discedere. Oratori vero nihil est necesse in cuiusquam
iurare leges. Maius enim est opus atque praestantius, 27
ad quod ipse tendit, et cuius est velut candidatus, si
quidem est futurus cum vitae tum etiam eloquentiae
laude perfectus. Quare in exemplum dicendi facun-
dissimum quemque proponet sibi ad imitandum, moribus vero formandis quam honestissima praecepta rectis-
simamque ad virtutem viam deliget. Exercitatione
quidem utetur omni, sed tamen erit plurimus in maximis quibusque ac natura pulcherrimis. Nam quae 28
potest materia reperiri ad graviter copioseque dicendum magis abundans quam de virtute, de re publica, de
providentia, de origine animorum, de amicitia? Haec
sunt, quibus mens pariter atque oratio insurgant: quae
vere bona, quid mitiget metus, coerceat cupiditates,
eximat nos opinionibus vulgi animumque coelestem.

Neque ea solum, quae talibus disciplinis continen- 29
tur, sed magis etiam, quae sunt antiquitus dicta

ac facta praeclare, et nosse et animo semper agitare conveniet. Quae profecto nusquam plura maioraque quam in nostrae civitatis monumentis reperientur
30 An fortitudinem, iustitiam, fidem, continentiam, frugalitatem, contemptum doloris ac mortis melius alii docebunt quam Fabricii, Curii, Reguli, Decii, Mucii aliique innumerabiles? Quantum enim Graeci praeceptis valent, tantum Romani, quod est maius, exem-
31 plis. Tantumque non cognitis ille rebus adquierit, qui non modo proximum tempus lucemque praesentem intueri satis credat sed omnem posteritatis memoriam spatium vitae honestae et curriculum laudis existimet. Hinc mihi ille iustitiae haustus bibat, hinc sumptam libertatem in causis atque consiliis praestet. Neque erit perfectus orator, nisi qui honeste dicere et sciet et audebit.

NECESSARIAM IURIS CIVILIS ORATORI SCIENTIAM.

III. Iuris quoque civilis necessaria huic viro scientia est et morum ac religionum eius rei publicae, quam capesset. Nam qualis esse suasor in consiliis publicis privatisve poterit tot rerum, quibus praecipue civitas continetur, ignarus? Quo autem modo patronum se causarum non falso dixerit, qui, quod est in causis potentissimum, sit ab altero petiturus, paene non dissimilis iis, qui poetarum scripta pronuntiant?
2 Nam quodammodo mandata perferet, et ea, quae sibi a iudice credi postulaturus est, aliena fide dicet, et ipse litigantium auxiliator egebit auxilio. Quod ut fieri nonnunquam minore incommodo possit, cum domi praecepta et composita et sicut cetera, quae in causa sunt, in discendo cognita ad iudicem perferet: quid fiet in iis quaestionibus, quae subito inter ipsas actiones nasci solent? non deformiter respectet et inter subsel-
3 lia minores advocatos interroget? Potest autem satis

diligenter accipere, quae tum audiet, cum ei dicenda
sunt, aut fortiter affirmare aut ingenue pro suis dicere?
Possit in actionibus: quid fiet in altercatione, ubi oc-
currendum continuo, nec libera ad discendum mora
est? Quid, si forte peritus iuris ille non aderit?
Quid, si quis non satis in ea re doctus falsum aliquid
subiecerit? Hoc enim est maximum ignorantiae malum, quod credit eum scire, qui moneat. Neque ego 4
sum nostri moris ignarus oblitusve eorum, qui velut
ad arculas sedent et tela agentibus sumministrant,
neque idem Graecos quoque nescio factitasse, unde
nomen his *pragmaticorum* datum est. Sed loquor de
oratore, qui non clamorem modo suum causis sed omnia,
quae profutura sunt, debet. Itaque eum nec inutilem, 5
si ad horam forte constiterit, neque in testationibus
faciendis esse imperitum velim. Quis enim potius
praeparabit ea, quae, cum aget, esse in causa velit?
Nisi forte imperatorem quis idoneum credit in proeliis
quidem strenuum et fortem et omnium, quae pugna
poscit, artificem, sed neque delectus agere nec copias
contrahere atque instruere nec prospicere commeatus
nec locum capere castris scientem; prius est enim
certe parare bella quam gerere. Atqui simillimus huic 6
sit advocatus, si plura, quae ad vincendum valent, aliis
reliquerit; cum praesertim hoc, quod est maxime necessarium, nec tam sit arduum, quam procul intuen-
tibus fortasse videatur. Namque omne ius, quod est
certum, aut scripto aut moribus constat; dubium
aequitatis regula examinandum est. Quae scripta sunt 7
aut posita in more civitatis, nullam habent difficultatem, cognitionis sunt enim non inventionis; at quae
consultorum responsis explicantur, aut in verborum
interpretatione sunt posita aut in recti pravique discrimine. Vim cuiusque vocis intelligere, aut commune prudentium est aut proprium oratoris; aequitas
optimo cuique notissima. Nos porro et bonum virum 8
et prudentem in primis oratorem putamus, qui cum se

ad id, quod est optimum natura, direxerit, non magno
pere commovebitur, si quis ab eo consultus dissentiet;
cum ipsis illis diversas inter se opiniones tueri conces
sum sit. Sed etiam, si nosse, quid quisque senserit,
volet: lectionis opus est, qua nihil est in studiis minus
9 laboriosum. Quodsi plerique, desperata facultate
agendi, ad discendum ius declinaverunt: quam id scire
facile est oratori, quod discunt, qui sua quoque confessione oratores esse non possunt? Verum et M.
Cato cum in dicendo praestantissimus tum iuris idem
fuit peritissimus, et Scaevolae Servioque Sulpicio con-
10 cessa est etiam facundiae virtus. Et M. Tullius non
modo inter agendum nunquam est destitutus scientia
iuris sed etiam componere aliqua de eo coeperat, ut
appareat, posse oratorem non discendo tantum iuri
11 vacare sed etiam docendo. Verum ea, quae de moribus excolendis studioque iuris praecipimus, ne quis eo
credat reprehendenda, quod multos cognovimus, qui
taedio laboris, quem ferre tendentibus ad eloquentiam
necesse est, confugerint ad haec deverticula desidiae.
Quorum alii se ad album ac rubricas transtulerunt et
formularii vel, ut Cicero ait, *leguleii* quidam esse ma-
luerunt, tanquam utiliora eligentes ea, quorum solam
12 facilitatem sequebantur; alii pigritiae arrogantioris,
qui subito fronte conficta immissaque barba, veluti
despexissent oratoria praecepta, paulum aliquid sede-
runt in scholis philosophantium, ut deinde in publico
tristes, domi dissoluti captarent auctoritatem contemptu ceterorum. Philosophia enim simulari potest,
eloquentia non potest.

ITEM HISTORIARUM.

IV. In primis vero abundare debet orator exemplorum copia cum veterum tum etiam novorum, adeo ut non ea modo, quae conscripta sunt historiis aut sermonibus velut per manus tradita, quaeque cotidie

aguntur, debeat nosse, verum ne ea quidem, quae sunt a clarioribus poetis ficta, negligere. Nam illa quidem 2
priora aut testimoniorum aut iudicatorum obtinent locum; sed haec quoque aut vetustatis fide tuta sunt aut ab hominibus magnis praeceptorum loco ficta creduntur. Sciat ergo quam plurima; unde etiam senibus auctoritas maior est, quod plura nosse et vidisse creduntur, quod Homerus frequentissime testatur. Sed non est expectanda ultima aetas, cum studia praestent, ut, quantum ad cognitionem pertinet rerum, etiam praeteritis saeculis vixisse videamur

QUAE SINT ALIA ORATORIS INSTRUMENTA

V. Haec sunt, quae me redditurum promiseram, instrumenta non artis, ut quidam putaverunt, sed ipsius oratoris. Haec arma habere ad manum, horum scientia debet esse succinctus, accedente verborum figurarumque facili copia et inventionis ratione et disponendi usu et memoriae firmitate et actionis gratia. Sed plurimum ex his valet animi praestantia, quam nec metus frangat nec acclamatio terreat nec audientium auctoritas ultra debitam reverentiam tardet.
Nam ut abominanda sunt contraria his vitia confiden- 2
tiae, temeritatis, improbitatis, arrogantiae: ita citra constantiam, fiduciam, fortitudinem nihil ars, nihil studium, nihil profectus ipse profuerit; ut si des arma timidis et imbellibus. Invitus mehercule dico, quoniam et aliter accipi potest, ipsam verecundiam, vitium quidem sed amabile, et quae virtutes facillime generet, esse inter adversa, multisque in causa fuisse, ut bona ingenii studiique in lucem non prolata situ quodam
secreti consumerentur. Sciat autem, si quis haec forte 3
minus adhuc peritus distinguendi vim cuiusque verbi leget, non probitatem a me reprehendi sed verecundiam, quae est timor quidam reducens animum ab iis,

quae facienda sunt, unde confusio et coepti poenitentia et subitum silentium. Quis porro dubitet vitiis ascribere affectum, propter quem facere honesta pudet?
4 Neque ego rursus nolo eum, qui sit dicturus, et sollicitum surgere et colorem mutare et periculum intelligere; quae si non accident, etiam simulanda erunt. Sed intellectus hic sit operis non metus, moveamurque, non concidamus. Optima est autem emendatio verecundiae fiducia, et quamlibet imbecilla frons magna conscientia sustinetur.

5 Sunt et naturalia, ut supra dixi, quae tamen et cura iuvantur, instrumenta, *vox, latus, decor*; quae quidem tantum valent, ut frequenter famam ingenii faciant. Habuit oratores aetas nostra copiosiores, sed, cum diceret, eminere inter aequales Trachalus videbatur. Ea corporis sublimitas erat, is ardor oculorum, frontis auctoritas, gestus praestantia, vox quidem non, ut Cicero desiderat, paene tragoedorum sed super omnes,
6 quos ego quidem audierim, tragoedos. Certe cum in basilica Iulia diceret primo tribunali, quattuor autem iudicia, ut moris est, cogerentur, atque omnia clamoribus fremerent: et auditum eum et intellectum et, quod agentibus ceteris contumeliosissimum fuit, laudatum quoque ex quattuor tribunalibus memini. Sed hoc votum est et rara felicitas; quae si non assit: sane sufficiat ab iis, quibus quis dicit, audiri. Talis esse debet orator et haec scire.

QUOD SIT INCIPIENDI CAUSAS AGERE TEMPUS.

VI. *Agendi* autem *initium* sine dubio secundum vires cuiusque sumendum est. Neque ego annos definiam, cum Demosthenen puerum admodum actiones pupillares habuisse manifestum sit, Calvus, Caesar, Pollio multum ante quaestoriam omnes aetatem gravissima iudicia susceperint, praetextatos egisse quosdam

sit traditum, Caesar Augustus duodecim natus annos
aviam pro rostris laudaverit. Modus mihi videtur qui- 2
dam tenendus, ut neque praepropere destringatur immatura frons et, quidquid est illud adhuc acerbum, proferatur; nam inde et contemptus operis innascitur, et fundamenta iaciuntur impudentiae, et, quod est ubicunque perniciosissimum, praevenit vires fiducia. Nec 3
rursus differendum est tirocinium in senectutem; nam cotidie metus crescit, maiusque fit semper, quod ausuri sumus, et, dum deliberamus, quando incipiendum sit, incipere iam serum est. Quare fructum studiorum viridem et adhuc dulcem promi decet, dum et venia et spes est et paratus favor et audere non dedecet; et, si quid desit operi, supplet aetas, et, si qua sunt dicta iuveniliter, pro indole accipiuntur: ut totus ille Cicero- 4
nis pro Sexto Roscio locus: *Quid enim tam commune quam spiritus vivis, terra mortuis, mare fluctuantibus, litus eiectis?* Quae cum sex et viginti natus annos summis audientium clamoribus dixerit: defervisse tempore et annis liquata, iam senior idem fatetur. Et hercule quantumlibet secreta studia contulerint: est tamen proprius quidam fori profectus, alia lux, alia veri discriminis facies; plusque, si separes, usus sine doctrina quam citra usum doctrina valet. Ideoque non- 5
nulli, senes in schola facti, stupent novitate, cum in iudicia venerunt, et omnia suis exercitationibus similia desiderant. At illic et iudex tacet et adversarius obstrepit et nihil temere dictum perit, et, si quid tibi sumas, probandum est, et laboratam congestamque dierum ac noctium studio actionem aqua deficit, et omisso magna semper flandi tumore in quibusdam causis loquendum est; quod illi diserti minime sciunt. Itaque nonnullos reperias, qui sibi eloquentiores vide- 6
antur, quam ut causas agant. Ceterum illum, quem iuvenem tenerisque adhuc viribus nitentem in forum deduximus, et incipere quam maxime facili ac favorabili causa velim, ferarum ut catuli molliore praeda sagi-

nantur, et non utique ab hoc initio continuare operam et ingenio adhuc alendo callum inducere; sed iam scientem, quid sit pugna, et in quam rem studendum sit,
7 refici atque renovari. Sic et tirocinii metum, dum facilius est audere, transierit, nec audendi facilitatem usque ad contemptum operis adduxerit. Usus est hac ratione M. Tullius, et cum iam clarum meruisset inter patronos, qui tum erant, nomen: in Asiam navigavit seque et aliis sine dubio eloquentiae ac sapientiae magistris sed praecipue tamen Apollonio Moloni, quem Romae quoque audierat, Rhodi rursus formandum ac velut recoquendum dedit. Tum dignum operae pretium venit, cum inter se congruunt praecepta et experimenta.

QUAE IN SUSCIPIENDIS CAUSIS ORATORI OBSERVANDA SINT.

VII. Cum satis in omni certamine virium fecerit, prima ei cura in suscipiendis causis erit; in quibus defendere quidem reos profecto quam facere vir bonus malet, non tamen ita nomen ipsum accusatoris horrebit, ut nullo neque publico neque privato duci possit officio, ut aliquem ad reddendam rationem vitae vocet. Nam et leges ipsae nihil valeant, nisi actoris idonea voce munitae; et si poenas scelerum expetere fas non est: prope est, ut scelera ipsa permissa sint;
2 et licentiam malis dari, certe contra bonos est. Quare neque sociorum querelas nec amici vel propinqui necem nec erupturas in rem publicam conspirationes inultas patietur orator, non poenae nocentium cupidus sed emendandi vitia corrigendique mores. Nam qui ratione traduci ad meliora non possunt, solo metu con-
3 tinentur. Itaque ut accusatoriam vitam vivere et ad deferendos reos praemio duci, proximum latrocinio est. ita pestem intestinam propulsare, cum propugnatoribus

patriae comparandum. Ideoque principes in re publica
viri non detrectaverunt hanc officii partem, creditique
sunt etiam clari iuvenes obsidem rei publicae dare ma-
lorum civium accusationem, quia nec odisse improbos
nec simultates provocare nisi ex fiducia bonae mentis
videbantur. Idque cum ab Hortensio, Lucullis, Sulpi- 4
cio, Cicerone, Caesare, plurimis aliis, tum ab utroque
Catone factum est; quorum alter appellatus sapiens,
alter nisi creditur fuisse, vix scio, cui reliquerit huius
nominis locum. Neque defendet omnes orator, idem-
que portum illum eloquentiae suae salutarem non etiam
piratis patefaciet duceturque in advocationem maxime
causa. Quoniam tamen omnes, qui non improbe liti- 5
gabunt, quorum certe bona pars est, sustinere non potest unus: aliquid et commendantium personis dabit
et ipsorum, qui iudicio decernent, ut optimi cuiusque
voluntate moveatur; namque hos et amicissimos habebit vir bonus. Summovendum vero est utrumque am- 6
bitus genus vel potentibus contra humiles venditandi
operam suam vel illud etiam iactantius minores utique
contra dignitatem attollendi. Non enim fortuna causas
vel iustas vel improbas facit. Neque vero pudor ob-
stet, quo minus susceptam, cum melior videretur,
litem, cognita inter disceptandum iniquitate, dimittat,
cum prius litigatori dixerit verum. Nam in hoc maxi- 7
mum, si aequi iudices sumus, beneficium est, ut non
fallamus vana spe litigantem. Neque est dignus opera
patroni, qui non utitur consilio. Et certe non convenit
ei, quem oratorem esse volumus, iniusta tueri scientem.
Nam si ex illis, quas supra diximus, causis falsum tuebitur: erit tamen honestum, quod ipse faciet.

G r a t i s n e ei semper agendum sit, tractari potest. 8
Quod ex prima statim fronte diiudicare, imprudentium
est. Nam quis ignorat, quin id longe sit honestissi-
mum ac liberalibus disciplinis et illo, quem exigimus,
animo dignissimum, non vendere operam nec elevare
tanti beneficii auctoritatem; cum pleraque hoc ipso

9 possint videri vilia, quod pretium habent? Caecis
hoc, ut aiunt, satis clarum est, nec quisquam, qui
sufficientia sibi (modica autem haec sunt) possidebit,
hunc quaestum sine crimine sordium fecerit. At si res
familiaris amplius aliquid ad usus necessarios exiget:
secundum omnium sapientium leges patietur sibi gratiam referri, cum et Socrati collatum sit ad victum, et
Zeno, Cleanthes, Chrysippus mercedes a discipulis ac-
10 ceptaverint. Neque enim video, quae iustior acquirendi ratio quam ex honestissimo labore et ab iis, de
quibus optime meruerint, quique, si nihil invicem
praestent, indigni fuerint defensione. Quod quidem
non iustum modo sed necessarium etiam est, cum haec
ipsa opera tempusque omne alienis negotiis datum
11 facultatem aliter acquirendi recidant. Sed tum quoque tenendus est modus, ac plurimum refert, et a quo
accipiat et quantum et quousque. Paciscendi quidem
ille piraticus mos et ponentium periculis pretia procul
abominanda negotiatio etiam mediocriter improbis
aberit, cum praesertim bonos homines bonasque causas
tuenti non sit metuendus ingratus; quodsi futurus,
2 malo tamen ille peccet. Nihil ergo acquirere volet
orator ultra quam satis erit; ac ne pauper quidem tanquam mercedem accipiet sed mutua benivolentia utetur,
cum sciat se tanto plus praestitisse. Non enim, quia
venire hoc beneficium non oportet, perire oportet.
Denique ut gratus sit, ad eum magis pertinet, qui debet.

QUAE IN DISCENDIS.

VIII. Proxima discendae causae ratio, quod
est orationis fundamentum. Neque enim quisquam
tam ingenio tenui reperietur, qui, cum omnia, quae sunt
in causa, diligenter cognoverit, ad docendum certe
iudicem non sufficiat. Sed eius rei paucissimis cura
2 est. Nam ut taceam de negligentibus, quorum nihil
refert, ubi litium cardo vertatur, dum sint, quae vel

extra causam ex personis aut communi tractatu locorum occasionem clamandi largiantur: aliquos et ambitio pervertit, qui partim tanquam occupati semperque
aliud habentes, quod ante agendum sit, pridie ad se
venire litigatorem aut eodem matutino iubent, nonnunquam etiam inter ipsa subsellia didicisse se glorian-
tur; partim iactantia ingenii, ut res cito accepisse 3
videantur, tenere se et intelligere prius paene quam
audiant mentiti, cum multa et diserte summisque clamoribus, quae neque ad iudicem neque ad litigatorem
pertineant, decantaverunt, bene sudantes beneque
comitati per forum reducuntur. Ne illas quidem tule- 4
rim delicias eorum, qui doceri amicos suos iubent;
quanquam minus mali est, si illi saltem recte discant
recteque doceant. Sed quis discet tam bene quam
patronus? Quomodo autem sequester ille et media
litium manus et quidam interpres impendet aequo animo laborem in alienas actiones, cum dicturis tanti suae
non sint? Pessimae vero consuetudinis, libellis esse 5
contentum, quos componit aut litigator, qui confugit
ad patronum, quia liti ipse non sufficit, aut aliquis ex
eo genere advocatorum, qui se non posse agere confitentur; deinde faciunt id quod est in agendo difficilli-
mum. Nam qui iudicare, quid dicendum, quid dissi-
mulandum, quid declinandum, mutandum, fingendum
etiam sit, potest, cur non sit orator: quando, quod difficilius est, oratorem facit? Hi porro non tantum 6
nocerent, si omnia scriberent, uti gesta sunt. Nunc
consilium et colores adiiciunt et aliqua peiora veris,
quae plerique cum acceperunt, mutare nefas habent et
velut themata in scholis posita custodiunt. Deinde
deprehenduntur et causam, quam discere ex suis litigatoribus noluerunt, ex adversariis discunt. Liberum 7
igitur demus ante omnia iis, quorum negotium erit,
tempus ac locum, exhortemurque ultro, ut omnia
quamlibet verbose et unde volent repetita ex tempore
exponant. Non enim tam obest audire supervacua

8 quam ignorare necessaria. Frequenter autem et vulnus et remedium in iis orator inveniet, quae litigatori
in neutram partem habere momentum videbantur
Nec tanta sit acturo memoriae fiducia, ut subscribere
audita pigeat.

Nec semel audisse sit satis; cogendus eadem ite-
rum ac saepius dicere litigator, non solum quia effu-
gere aliqua prima expositione potuerunt, praesertim
hominem (quod saepe evenit) imperitum, sed etiam ut
9 sciamus, an eadem dicat. Plurimi enim mentiuntur et,
tanquam non doceant causam sed agant, non ut cum
patrono sed ut cum iudice loquuntur. Quapropter
nunquam satis credendum est, sed agitandus omnibus
10 modis et turbandus et evocandus. Nam ut medicis
non apparentia modo vitia curanda sunt sed etiam invenienda quae latent, saepe ipsis ea, qui sanandi sunt,
occulentibus: ita advocatus plura, quam ostenduntur,
aspiciat. Nam cum satis in audiendo patientiae im-
penderit: in aliam rursus ei personam transeundum est,
agendusque adversarius, proponendum quidquid omnino excogitari contra potest, quidquid recipit in eius-
modi disceptatione natura. Interrogandus quam in-
11 festissime ac premendus. Nam dum omnia quaerimus,
aliquando ad verum, ubi minime expectavimus, per-
venimus.

In summa optimus est in discendo patronus incre-
dulus. Promittit enim litigator omnia, testem popu-
lum, paratissimas consignationes, ipsum denique adver-
12 sarium quaedam non negaturum. Ideoque opus est
intueri omne litis instrumentum; quod videre non est
satis, perlegendum erit. Nam frequentissime aut non
sunt omnino, quae promittebantur, aut minus continent
aut cum alio aliquo nocituro permixta sunt aut nimia
sunt et fidem hoc ipso detractura, quod non habent
13 modum. Denique linum ruptum aut turbatam ceram
aut sine agnitore signa frequenter invenies; quae, nisi
domi excusseris, in foro inopinata decipient, plusque

nocebunt destituta quam non promissa nocuissent.
Multa etiam, quae litigator nihil ad causam pertinere
crediderit, patronus eruet, modo per omnes, quos tra-
didimus, argumentorum locos eat. Quos ut circum- 14
spectare in agendo et attentare singulos minime convenit, propter quas diximus causas: ita in discendo
rimari necessarium est, quae personae, quae tempora,
quae loca, instituta, instrumenta, ceteraque, ex quibus
non tantum illud, quod est artificiale probationis
genus, colligi possit, sed qui metuendi testes, quomodo
sint refellendi. Nam plurimum refert, invidia reus an
odio an contemptu laboret, quorum fere pars prima
superiores, proxima pares, tertia humiliores premit.
Sic causam perscrutatus, propositis ante oculos omni- 15
bus, quae prosint noceantve, tertiam deinceps personam induat iudicis, fingatque apud se agi causam, et,
quod ipsum movisset de eadem re pronuntiaturum, id
potentissimum, apud quemcunque agetur, existimet.
Sic eum raro fallet eventus, aut culpa iudicis erit.

QUAE IN AGENDIS.

IX. Quae sint in agendo servanda, toto fere
opere executi sumus; pauca tamen propria huius loci,
quae non tam dicendi arte quam officiis agentis continentur, attingam. Ante omnia, ne, quod plerisque
accidit, ab utilitate eum causae praesentis cupido
laudis abducat. Nam ut gerentibus bella non semper 2
exercitus per plana et amoena ducendus est, sed adeun-
di plerumque asperi colles, expugnandae civitates
quamlibet praecisis impositae rupibus aut operum mole
difficiles: ita oratio gaudebit quidem occasione laetius
decurrendi et aequo congressa campo totas vires popu-
lariter explicabit; at si iuris anfractus aut eruendae 3
veritatis latebras adire cogetur: non obequitabit nec
illis vibrantibus concitatisque sententiis velut missili-

bus utetur, sed operibus et cuniculis et insidiis et oc-
4 cultis artibus rem geret. Quae omnia non dum fiunt
laudantur, sed cum facta sunt; unde etiam cupidissi-
mis opinionis plus fructus venit. Nam cum illa dicendi
vitiosa iactatio inter plausores suos detonuit: resurgit
verae virtutis fortior fama, nec iudices, a quo sint
moti, dissimulant, et doctis creditur, nec est orationis
5 vera laus, nisi cum finita est. Veteribus quidem etiam
dissimulare eloquentiam fuit moris, idque M. Antonius
praecipit, quo plus dicentibus fidei minusque suspectae
advocatorum insidiae forent. Sed illa dissimulari,
quae tum erat, potuit; nondum enim tantum dicendi
lumen accesserat, ut etiam per obstantia erumperet.
Quare artes quidem et consilia lateant et quidquid, si
deprehenditur, perit. Hactenus eloquentia secretum
6 habet. Verborum quidem delectus, gravitas sententiarum, figurarum elegantia aut non sunt aut apparent. Sed propter hoc ipsum ostendenda non sunt,
quod apparent; ac si unum sit ex duobus eligendum:
causa potius laudetur quam patronus. Finem tamen
hunc praestabit orator, ut videatur optimam causam
optime egisse. Illud certum erit, neminem peius agere
quam qui, displicente causa, placet; necesse est enim
7 extra causam sit, quod placet. Nec illo fastidio laborabit orator non agendi causas minores, tanquam infra
eum sint aut detractura sit opinioni minus liberalis materia. Nam et suscipiendi ratio iustissima est officium,
et optandum etiam, ut amici quam minimas lites habeant; et abunde dixit bene, quisquis rei satisfecit.

8 At quidam, etiamsi forte susceperunt negotia paulo
ad dicendum tenuiora, extrinsecus adductis ea rebus
circumliniunt ac, si defecerint alia, conviciis implent
vacua causarum; si contingit, veris; si minus, fictis;
modo sit materia ingenii mereaturque clamorem dum
dicitur. Quod ego adeo longe puto ab oratore per-
fecto, ut eum ne vera quidem obiecturum, nisi id causa
9 exigit, credam. Ea est enim prorsus *canina*, ut ait

Appius, eloquentia, cognituram male dicendi subire;
quod facientibus etiam male audiendi praesumenda
patientia est. Nam et in ipsos fit impetus frequenter,
qui egerunt, et certe petulantiam patroni litigator luit.
Sed haec minora sunt ipso illo vitio animi, quod male-
dicus a malefico non distat nisi occasione. Turpis vo- 10
luptas et inhumana et nulli audientium bono grata a
litigatoribus quidem frequenter exigitur, qui ultionem
malunt quam defensionem. Sed neque alia multa ad
arbitrium eorum facienda sunt; hoc quidem quis homi-
num liberi modo sanguinis sustineat, petulans esse ad
alterius arbitrium? Atqui etiam in advocatos partis 11
adversae libenter nonnulli invehuntur; quod, nisi si
forte meruerunt, et inhumanum est respectu communium officiorum, et cum ipsi qui dicit inutile (nam idem
iuris responsuris datur), tum causae contrarium, quia
plane adversarii fiunt et inimici, et quantulumcunque
eis virium est, contumelia augetur. Super omnia perit 12
illa, quae plurimum oratori et auctoritatis et fidei affert, modestia, si a viro bono in rabulam latratoremque
convertitur, compositus non ad animum iudicis sed ad
stomachum litigatoris. Frequenter etiam species liber- 13
tatis deducere ad temeritatem solet non causis modo
sed ipsis quoque, qui dixerunt, periculosam. Nec immerito Pericles solebat optare, ne quod sibi verbum in
mentem veniret, quo populus offenderetur. Sed quod
ille de populo, id ego de omnibus sentio, qui tantun-
dem possunt nocere. Nam quae fortia, dum dicuntur,
videbantur, stulta, cum laeserunt, vocantur.

Nunc, quia varium fere propositum agentium fuit, 14
et quorundam cura tarditatis quorundam facilitas temeritatis crimine laboravit: quem credam fore in hoc
oratoris modum, tradere non alienum videtur. Afferet ad dicendum curae semper quantum plurimum 15
poterit. Neque enim hoc solum negligentis sed mali
et in suscepta causa perfidi ac proditoris est, peius
agere quam possit. Ideoque ne suscipiendae quidem

sunt causae plures, quam quibus suffecturum se sciat.
16 Dicet scripta quam res patietur plurima et, ut Demosthenes ait, si continget, et sculpta. Sed hoc aut pri-
mae actiones aut quae in publicis iudiciis post interiec-
tos dies dantur permiserint: at cum protinus respondendum est: omnia parari non possunt, adeo ut paulo minus promptis etiam noceat scripsisse, si alia ex diverso,
17 quam opinati fuerint, occurrerint. Inviti enim recedunt
a praeparatis et tota actione respiciunt requiruntque,
num aliquid ex illis intervelli atque ex tempore dicen-
dis inseri possit; quod si fiat: non cohaeret nec com-
missuris modo, ut in opere male iuncto, hiantibus sed
18 ipsa coloris inaequalitate detegitur. Ita nec liber est
impetus nec cura contexta, et utrumque alteri obstat;
illa enim, quae scripta sunt, retinent animum, non sequuntur. Itaque in his actionibus *omni*, ut agricolae
19 dicunt, *pede standum est.* Nam cum in propositione
ac refutatione causa consistat: quae nostrae partis
sunt, scripta esse possunt; quae etiam responsurum
adversarium certum est, (est enim aliquando certum)
pari cura refelluntur. Ad alia unum paratum afferre
possumus, ut causam bene noverimus; alterum ibi
sumere, ut dicentem adversarium diligenter audiamus.
20 Licet tamen praecogitare plura et animum ad omnes
casus componere, idque est tutius stilo, quo facilius et
omittitur cogitatio et transfertur. Sed sive in respondendo fuerit subito dicendum, sive quae alia exegerit
ratio, nunquam oppressum se ac deprehensum credet
orator, cui disciplina et studium et exercitatio dederit
21 vires etiam facilitatis; quemque armatum semper ac
velut in procinctu stantem non magis unquam in causis
oratio quam in rebus cotidianis ac domesticis sermo
deficiet; nec se unquam propter hoc oneri subtrahet,
modo sit causae discendae tempus; nam cetera semper
sciet.

DE GENERE DICENDI.

X. Superest, ut dicam de genere orationis.
Hic erat propositus a nobis in divisione prima locus
tertius; nam ita promiseram, me de arte, de artifice, de
opere dicturum. Cum sit autem rhetorices atque oratoris opus oratio pluresque eius formae, sicut osten-
dam: in omnibus his et ars est et artifex, plurimum
tamen invicem differunt; nec solum specie, ut signum
signo et tabula tabulae et actio actioni, sed genere
ipso, ut Graecis Tuscanicae statuae, ut Asianus elo-
quens Attico. Suos autem haec operum genera, quae 2
dico, ut auctores sic etiam amatores habent; atque
ideo nondum est perfectus orator ac nescio an ars ulla,
non solum quia aliud in alio magis eminet, sed quod
non una omnibus forma placuit, patim condicione vel
temporum vel locorum, partim iudicio cuiusque atque
proposito. Primi, quorum quidem opera non vetustatis 3
modo gratia visenda sunt, clari pictores fuisse dicuntur Polygnotus atque Aglaophon, quorum simplex
color tam sui studiosos adhuc habet, ut illa prope
rudia ac velut futurae mox artis primordia maximis,
qui post eos extiterunt, auctoribus praeferant, proprio
quodam intelligendi, ut mea opinio fert, ambitu.
Post Zeuxis atque Parrhasius non multum aetate dis- 4
tantes, circa Peloponnesia ambo tempora (nam cum
Parrhasio sermo Socratis apud Xenophontem invenitur) plurimum arti addiderunt. Quorum prior lumi-
num umbrarumque invenisse rationem, secundus exa-
minasse subtilius lineas traditur. Nam Zeuxis plus 5
membris corporis dedit, id amplius atque augustius ra-
tus atque, ut existimant, Homerum secutus, cui validis-
sima quaeque forma etiam in feminis placet. Ille vero
ita circumscripsit omnia, ut eum legum latorem vocent,
quia deorum atque heroum effigies, quales ab eo sunt
traditae, ceteri, tanquam ita necesse sit, sequuntur.

6 Floruit autem circa Philippum et usque ad successores
Alexandri pictura praecipue sed diversis virtutibus.
Nam cura Protogenes, ratione Pamphilus ac Melan-
thius, facilitate Antiphilus, concipiendis visionibus,
quas *φαντασίας* vocant, Theon Samius, ingenio et gratia, quam in se ipse maxime iactat, Apelles est praestantissimus. Euphranorem admirandum facit, quod
et ceteris optimis studiis inter praecipuos et pingendi
fingendique idem mirus artifex fuit.
7 Similis in statuis differentia. Nam duriora et
Tuscanicis proxima Callon atque Hegesias, iam minus
rigida Calamis, molliora adhuc supra dictis Myron
fecit. Diligentia ac decor in Polycleto supra ceteros
cui quanquam a plerisque tribuitur palma, tamen, ne
8 nihil detrahatur, deesse pondus putant. Nam ut
humanae formae decorem addiderit supra verum, ita
non explevisse deorum auctoritatem videtur. Quin
aetatem quoque graviorem dicitur refugisse nihil ausus
ultra leves genas. At quae Polycleto defuerunt, Phi-
9 diae atque Alcameni dantur. Phidias tamen diis quam
hominibus efficiendis melior artifex creditur, in ebore
vero longe citra aemulum, vel si nihil nisi Minervam
Athenis aut Olympium in Elide Iovem fecisset, cuius
pulchritudo adiecisse aliquid etiam receptae religioni videtur; adeo maiestas operis deum aequavit.
Ad veritatem Lysippum ac Praxitelen accessisse optime
affirmant. Nam Demetrius tanquam nimius in ea re-
prehenditur et fuit similitudinis quam pulchritudinis
amantior.
10 In oratione vero si species intueri velis, totidem
paene reperias ingeniorum quot corporum formas.
Sed fuere quaedam genera dicendi condicione temporum horridiora, alioqui magnam iam ingenii vim prae
se ferentia. Hinc sint Laelii, Africani, Catones etiam
Gracchique, quos tu licet Polygnotos vel Callonas ap-
pelles. Mediam illam formam teneant L. Crassus, Q.
11 Hortensius. Tum deinde efflorescat non multum inter

se distantium tempore oratorum ingens proventus.
Hic vim Caesaris, indolem Caelii, subtilitatem Calidii,
diligentiam Pollionis, dignitatem Messalae, sanctitatem
Calvi, gravitatem Bruti, acumen Sulpicii, acerbitatem
Cassii reperiemus; in iis etiam, quos ipsi vidimus,
copiam Senecae, vires Africani, maturitatem Afri,
iucunditatem Crispi, sonum Trachali, elegantiam Se-
cundi. At M. Tullium non illum habemus Euphrano- 12
rem circa plurium artium species praestantem sed in
omnibus, quae in quoque laudantur, eminentissimum.
Quem tamen et suorum homines temporum incessere
audebant ut tumidiorem et Asianum et redundantem
et in repetitionibus nimium et in salibus aliquando frigidum et in compositione fractum, exultantem ac
paene, quod procul absit, viro molliorem; postea vero 13
quam triumvirali proscriptione consumptus est, passim
qui oderant, qui invidebant, qui aemulabantur, adula-
tores etiam praesentis potentiae non responsurum in-
vaserunt. Ille tamen, qui ieiunus a quibusdam atque
aridus habetur, non aliter ab ipsis inimicis male audire
quam nimiis floribus et ingenii affluentia potuit. Falsum utrumque, sed tamen illa mentiendi propior occasio. Praecipue vero presserunt eum, qui videri Atti- 14
corum imitatores concupierant. Haec manus, quasi
quibusdam sacris initiata, ut alienigenam et parum studiosum devinctumque illis legibus insequebatur; unde
nunc quoque aridi et exucci et exangues. Hi sunt 15
enim, qui suae imbecillitati sanitatis appellationem,
quae est maxime contraria, obtendunt; qui, quia clariorem vim eloquentiae velut solem ferre non possunt,
umbra magni nominis delitescunt. Quibus quia multa
et pluribus locis Cicero ipse respondit: tutior mihi de
hoc disserendi brevitas erit.

Et antiqua quidem illa divisio inter Atticos atque 16
Asianos fuit, cum hi pressi et integri: contra inflati
illi et inanes haberentur; in his nihil superflueret: illis
iudicium maxime ac modus deesset. Quod quidam,

quorum et Santra est, hoc putant accidisse, quod,
paulatim sermone Graeco in proximas Asiae civitates influente, nondum satis periti loquendi facundiam concupierint, ideoque ea, quae proprie signari po-
terant, circuitu coeperint enuntiare ac deinde per-
17 severarint. Mihi autem orationis differentiam fecisse
et dicentium et audientium naturae videntur, quod
Attici limati quidam et emuncti nihil inane aut redun-
dans ferebant, Asiana gens tumidior alioqui atque
iactantior vaniore etiam dicendi gloria inflata est.
18 Tertium mox, qui haec dividebant, adiecerunt genus
Rhodium, quod velut medium esse atque ex utroque
mixtum volunt; neque enim Attice pressi neque
Asiane sunt abundantes, ut aliquid habere videantur
19 gentis, aliquid auctoris. Aeschines enim, qui hunc
exilio delegerat locum, intulit eo studia Athenarum,
quae, velut sata quaedam coelo terraque degenerant,
saporem illum Atticum peregrino miscuerunt. Lenti
ergo quidam ac remissi, non sine pondere tamen, neque
fontibus puris neque torrentibus turbidis, sed lenibus
stagnis similes habentur.

20 Nemo igitur dubitaverit, longe esse optimum genus Atticorum. In quo ut est aliquid inter ipsos
commune, id est iudicium acre tersumque: ita ingenio-
21 rum plurimae formae. Quapropter mihi falli multum
videntur, qui solos esse Atticos credunt tenues et lucidos et significantes et quadam eloquentiae frugalitate
contentos ac semper manum intra pallium continentes.
Nam quis erit hic Atticus? Sit Lysias; hunc enim
amplectuntur amatores istius nominis modum. Non
igitur iam usque ad Coccum et Andocidem remitte-
mur? Interrogare tamen velim, an Isocrates Attice
22 dixerit. Nihil enim tam est Lysiae diversum. Nega-
bunt. At eius schola principes oratorum dedit. Quae-
ratur similius aliquid. Hyperides Atticus? Certe.
At plus indulsit voluptati. Transeo plurimos, Lycur-
gum, Aristogitona et his priores Isaeum, Antiphon-

tem; quos, ut homines, inter se genere similes, differentes dixeris specie. Quid ille, cuius modo fecimus 23
mentionem, Aeschines? nonne his latior et audentior et excelsior? Quid denique Demosthenes? non cunctos illos tenues et circumspectos, sublimitate, impetu, cultu, compositione superavit? non insurgit locis? non figuris gaudet? non translationibus nitet? non
oratione ficta dat tacentibus vocem? non illud iusiu- 24
randum per caesos in Marathone ac Salamine propugnatores rei publicae satis manifesto docet, praeceptorem eius Platonem fuisse? quem ipsum num Asianum appellabimus plerumque instinctis divino spiritu vatibus comparandum? Quid Periclea? similemne credimus Lysiacae gracilitati, quem fulminibus et coelesti fragori comparant Comici, dum illi conviciantur?
Quid est igitur, cur in iis demum, qui tenui venula per 25
calculos fluunt, Atticum saporem putent? ibi demum thymum redolere dicant? Quos ego existimo, si quod in his finibus uberius invenerint solum fertilioremve segetem, negaturos Atticam esse, quod plus, quam acceperit, seminis reddat; quia hanc eius terrae fidem
Menander eludit. Ita nunc, si quis ad eas Demosthenis 26
virtutes, quas ille summus orator habuit, tamen quae defuisse ei sive ipsius natura seu lege civitatis videntur, adiecerit, ut affectus concitatius moveat, audiam dicentem, *Non fecit hoc Demosthenes?* et si quid exierit numeris aptius (fortasse non possit; sed tamen si quid exierit) non erit Atticum? Melius de hoc nomine sentiant credantque, Attice dicere esse optime dicere.

Atque in hac tamen opinione perseverantes Graecos 27
magis tulerim. Latina mihi facundia, ut inventione, dispositione, consilio, ceteris huius generis artibus similis Graecae ac prorsus discipula eius videtur, ita circa rationem eloquendi vix habere imitationis locum. Namque est ipsis statim sonis durior, quando et iucundissimas ex Graecis litteras non habemus, vocalem alteram, alteram consonantem, quibus nullae apud

eos dulcius spirant; quas mutuari solemus, quotiens
28 illorum nominibus utimur. Quod cum contingit: nescio quomodo hilarior protinus renidet oratio, ut in
Ephyris et *Zephyris*. Quae si nostris litteris scribantur: surdum quiddam et barbarum efficient, et velut in
locum earum succedent tristes et horridae, quibus
29 Graecia caret. Nam et illa, quae est sexta nostrarum,
paene non humana voce vel omnino non voce potius
inter discrimina dentium efflanda est; quae, etiam
cum vocalem proxima accipit quassa quodammodo,
utique quotiens aliquam consonantem frangit, ut in hoc
ipso *frangit*, multo fit horridior. Aeolicae quoque litterae, qua *servum cervum*que dicimus, etiamsi forma a
nobis repudiata est, vis tamen nos ipsa persequitur.
30 Duras et illa syllabas facit, quae ad coniungendas demum subiectas sibi vocales est utilis, alias supervacua,
ut *equos* hac et *equum* scribimus; cum etiam ipsae hae
vocales duae efficiant sonum, qualis apud Graecos
nullus est, ideoque scribi illorum litteris non potest.
31 Quid? quod pleraque nos illa quasi mugiente littera
cludimus M, qua nullum Graece verbum cadit: at illi
ny iucundam et in fine praecipue quasi tinnientem illius
loco ponunt, quae est apud nos rarissima in clausulis.
32 Quid? quod syllabae nostrae in B litteram et D innituntur adeo aspere, ut plerique non antiquissimorum
quidem sed tamen veterum mollire temptaverint non
solum *aversa* pro *abversis* dicendo sed et in praeposi-
33 tione B litterae absonam et ipsam S subiiciendo. Sed
accentus quoque, cum rigore quodam, tum similitudine
ipsa, minus suaves habemus; quia ultima syllaba nec
acuta unquam excitatur nec flexa circumducitur sed in
gravem vel duas graves cadit semper. Itaque tanto
est sermo Graecus Latino iucundior, ut nostri poetae,
quotiens dulce carmen esse voluerint, illorum id nomi-
34 nibus exornent. His illa potentiora, quod res plurimae
carent appellationibus, ut eas necesse sit transferre aut
circumire; etiam in iis, quae denominata sunt, summa

paupertas in eadem nos frequentissime revolvit; at illis non verborum modo, sed linguarum etiam inter se differentium copia est.

Quare qui a Latinis exiget illam gratiam sermonis 35
Attici, det mihi in eloquendo eandem iucunditatem et parem copiam. Quod si negatum est: sententias aptabimus iis vocibus, quas habemus, nec rerum nimiam tenuitatem, ut non dicam pinguioribus, fortioribus certe verbis miscebimus, ne virtus utraque pereat ipsa
confusione. Nam quo minus adiuvat sermo, rerum 36
inventione pugnandum est. Sensus sublimes variique eruantur. Permovendi omnes affectus erunt, oratio translationum nitore illuminanda. Non possumus esse tam graciles: simus fortiores. Subtilitate vincimur: valeamus pondere. Proprietas penes illos est certior:
copia vincamus. Ingenia Graecorum, etiam minora, 37
suos portus habent: nos plerumque maioribus velis moveamur, validior spiritus nostros sinus tendat; non tamen alto semper feramur, nam et litora interim sequenda sunt. Illis facilis per quaelibet vada accessus: ego aliquid, non multo tamen, altius, in quo mea
cymba non sidat, inveniam. Neque enim, si tenuiora 38
haec ac pressiora Graeci melius, in eoque vincimur solo et ideo in comoediis non contendimus, prorsus tamen omittenda pars haec orationis, sed exigenda ut optime possumus; possumus autem rerum et modo et iudicio esse similes, verborum gratia, quam in ipsis non
habemus, extrinsecus condienda est. Annon in priva- 39
tis et acutus et non asper et non indistinctus et non supra modum elatus M. Tullius? non in M. Calidio insignis haec virtus? non Scipio, Laelius, Cato in eloquendo velut Attici Romanorum fuerunt? Cui porro non satis est, quo nihil esse melius potest?

Ad hoc quidam nullam esse naturalem putant elo- 40
quentiam, nisi quae sit cotidiano sermoni simillima, quo cum amicis, coniugibus, liberis, servis loquamur, contento promere animi voluntatem nihilque et arcessiti et

elaborati requirente; quidquid huc sit adiectum, id
esse affectationis et ambitiosae in loquendo iactantiae,
remotum a veritate fictumque ipsorum gratia verborum, quibus solum natura sit officium attributum, ser-
41 vire sensibus: sicut athletarum corpora, etiamsi vali-
diora fiant exercitatione et lege quadam ciborum, non
tamen esse naturalia atque ab illa specie, quae sit concessa hominibus, abhorrere. Quid enim, inquiunt, attinet circuitu res ostendere et translationibus, id est
aut pluribus aut alienis verbis, cum sua cuique sint as-
42 signata nomina? Denique antiquissimum quemque maxime secundum naturam dixisse contendunt; mox poetis
similiores extitisse, etiamsi parcius, simili tamen ratione,
falsa et impropria virtutes ducentes. Qua in disputatione nonnihil veri est, ideoque non tam procul, quam
fit a quibusdam, recedendum a propriis atque com-
43 munibus. Si quis tamen, ut in loco dixi compositionis,
ad necessaria, quibus nihil minus est, aliquid melius
adiecerit; non erit hac calumnia reprehendendus. Nam
mihi aliam quandam videtur habere naturam sermo
vulgaris aliam viri eloquentis oratio; cui si res modo
indicare satis esset: nihil ultra verborum proprietatem
elaboraret; sed cum debeat delectare, movere, in plurimas animum audientis species impellere: utetur his
quoque adiutoriis, quae sunt ab eadem nobis concessa
44 natura. Nam et lacertos exercitatione constringere et
augere vires et colorem trahere, naturale est. Ideoque
in omnibus gentibus alius alio facundior habetur et
loquendo dulcis magis. Quod si non eveniret: omnes
pares essent, et idem omnes deceret; at loquuntur et
servant personarum discrimen. Ita, quo quisque plus
efficit dicendo, hoc magis secundum naturam eloquen-
45 tiae dicit. Quapropter ne illis quidem nimium repugno,
qui dandum putant nonnihil etiam temporibus atque
auribus nitidius aliquid atque effectius postulantibus.
Itaque non solum ad priores Catone Gracchisque sed
ne ad hos quidem ipsos oratorem alligandum puto.

Atque id fecisse M. Tullium video, ut cum omnia utili-
tati tum partem quandam delectationi daret; cum et
ipsam se rem agere diceret, ageret autem maxime litigatoris. Nam hoc ipso proderat, quod placebat. Ad 46
cuius voluptates nihil equidem quod addi possit invenio, nisi ut sensus nos quidem dicamus plures. Neque enim non fieri potest, salva tractatione causae et
dicendi auctoritate, si non crebra haec lumina et continua fuerint et invicem offecerint. Sed me hactenus 47
cedentem nemo insequatur ultra. Do tempori, ne
hirta toga sit, non ut serica; ne intonsum caput, non
in gradus atque anulos comptum; cum eo quod, si non
ad luxuriam ac libidinem referas, eadem speciosiora
quoque sint, quae honestiora. Ceterum hoc, quod vul- 48
go sententias vocamus, quod veteribus praecipueque Graecis in usu non fuit, (apud Ciceronem enim invenio) dum rem contineant et copia non redundent et
ad victoriam spectent, quis utile neget? Feriunt animum et uno ictu frequenter impellunt et ipsa brevitate
magis haerent et delectatione persuadent.

At sunt qui haec excitatiora lumina, etiamsi dicere 49
permittant, a componendis tamen orationibus exclu-
denda arbitrentur. Quocirca mihi ne hic quidem locus
intactus est omittendus, quod plures eruditorum aliam
esse dicendi rationem aliam scribendi putaverunt;
ideoque in agendo clarissimos quosdam nihil posteritati
mansurisque mox litteris reliquisse, ut Periclem, ut
Demaden; rursus alios ad componendum optimos, actionibus idoneos non fuisse, ut Isocraten; praeterea in 50
agendo plus impetus plerumque et petitas vel paulo
licentius voluptates, commovendos enim esse ducen-
dosque animos imperitorum; at quod libris dedicatur
et in exemplum editur, tersum ac limatum et ad legem
ac regulam compositum esse oportere, quia veniat in
manus doctorum et iudices artis habeat artifices. Quin 51
illi subtiles (ut similibus multis persuaserunt) magistri
παράδειγμα dicendo, ἐνθύμημα scribendo esse aptius,

tradiderunt. Mihi unum atque idem videtur bene
dicere ac bene scribere, neque aliud esse oratio scripta
quam monumentum actionis habitae. Itaque nullas
non, ut opinor, debet habere, virtutes dico, non vitia.
Nam imperitis placere aliquando quae vitiosa sint,
52 scio. Quo different igitur? Quodsi mihi des consilium iudicum sapientum, perquam multa recidam ex
orationibus non Ciceronis modo sed etiam eius, qui est
strictior multo, Demosthenis. Neque enim affectus
omnino movendi erunt, nec aures delectatione mulcen-
dae, cum etiam prooemia supervacua esse apud tales
Aristoteles existimet; non enim trahentur his illi sa-
pientes; proprie et significanter rem indicare, probatio-
53 nes colligere, satis est. Cum vero iudex detur aut populus aut ex populo, laturique sententiam indocti
saepius atque interim rustici: omnia, quae ad obtinendum, quod intendimus, prodesse credemus, adhibenda
sunt; eaque et cum dicimus promenda et cum scribimus ostendenda sunt, si modo ideo scribimus, ut docea-
54 mus quomodo dici oporteat. An Demosthenes male
sic egisset, ut scripsit, aut Cicero? aut eos praestantissimos oratores alia re quam scriptis cognoscimus?
Melius egerunt igitur an peius? Nam si peius: sic
potius oportuit dici, ut scripserunt; si melius: sic opor-
55 tuit scribi, ut dixerunt. Quid ergo? Semper sic aget
orator, ut scribet? Si licebit, semper. Quodsi impe-
diant brevitate tempora a iudice data: multum ex eo,
quod potuit dici, recidetur; editio habebit omnia.
Quae antem secundum naturam iudicantium dicta sunt,
non ita posteris tradentur, ne videantur propositi fuisse
56 non temporis. Nam id quoque plurimum refert, quomodo audire iudex velit, atque eius vultus saepe ipse
rector est dicentis, ut Cicero praecipit. Ideoque in-
standum iis, quae placere intellexeris, resiliendum ab
iis, quae non recipientur. Sermo ipse, qui facillime
iudicem doceat, optandus. Nec id mirum sit, cum
57 etiam testium personis aliqua mutentur. Prudenter

enim, qui cum interrogasset rusticum testem, an *Amphionem* nosset, negante eo, detraxit aspirationem
breviavitque secundam eius nominis syllabam, et ille
eum sic optime norat. Huiusmodi casus efficiunt, ut
aliquando dicatur aliter quam scribitur, cum dicere,
quomodo scribendum est, non licet.

Altera est divisio, quae in tres partes et ipsa disce- 58
dit, qua discerni posse etiam recte dicendi genera inter
se videntur. Namque unum subtile, quod ἰσχνὸν vocant, alterum grande atque robustum, quod ἁδρὸν
dicunt, constituunt; tertium alii medium ex duobus
alii floridum (namque id ἀνθηρὸν appellant) addiderunt. Quorum tamen ea fere ratio est, ut primum 59
docendi, secundum movendi, tertium illud utrocunque
nomine delectandi sive conciliandi praestare videatur
officium; in docendo autem acumen, in conciliando
lenitas, in movendo vis exigi videatur. Itaque illo
subtili praecipue ratio narrandi probandique consistet,
sed quod etiam detractis ceteris virtutibus suo genere
plenum. Medius hic modus et translationibus crebrior 60
et figuris erit iucundior, egressionibus amoenus, compositione aptus, sententiis dulcis, lenior tamen ut amnis lucidus quidem sed virentibus utrinque sepibus
inumbratus. At ille, qui saxa devolvat et *pontem in-* 61
dignetur et ripas sibi faciat, multus et torrens iudicem
vel nitentem contra feret cogetque ire, qua rapiet.
Hic orator et defunctos excitabit ut Appium Caecum,
apud hunc et patria ipsa exclamabit, aliquandoque Ciceronem in oratione contra Catilinam in senatu allo-
quetur. Hic et amplificationibus extollet orationem, 62
et in superlationem quoque erigetur. *Quae Charybdis
tam vorax?* et *Oceanus medius fidius ipse.* Nota
sunt enim iam studiosis haec lumina. Hic deos ipsos
in congressum prope suum sermonemque deducet:
*Vos enim Albani tumuli atque luci; vos, inquam, Al-
banorum obrutae arae, sacrorum populi Romani
sociae et aequales.* Hic iram, hic misericordiam in-

spirabit, his dicet: *Te vidit et appellavit et flevit;* et per omnes affectus tractatus huc atque illuc sequetur
63 nec doceri desiderabit. Quare si ex tribus his generibus necessario sit eligendum unum: quis dubitet hoc praeferre omnibus et validissimum alioqui et maximis
64 quibusque causis accommodatissimum? Nam et Homerus brevem quidem cum iucunditate et propriam, id enim est *non deerrare verbis*, et carentem supervacuis eloquentiam Menelao dedit, quae sunt virtutes generis illius primi; et ex ore Nestoris dixit *dulciorem melle profluere sermonem*, qua certe delectatione nihil fingi maius potest; sed summam aggressus in Ulixe facundiam magnitudinem illi iunxit; cui orationem *nivibus hibernis* et copia verborum et impetu parem tribuit.
65 *Cum hoc* igitur *nemo mortalium contendet; hunc ut deum homines intuebuntur.* Hanc vim et celeritatem in Pericle miratur Eupolis, hanc fulminibus Aristophanes comparat, haec est vere dicendi facultas.

66 Sed neque his tribus quasi formis inclusa eloquentia est. Nam ut inter gracile validumque tertium aliquid constitutum est: ita horum intervalla sunt, atque inter haec ipsa mixtum quiddam ex duobus medium
67 est eorum. Nam et subtili plenius aliquid atque subtilius et vehementi remissius atque vehementius invenitur, ut illud lene aut ascendit ad fortiora aut ad tenuiora summittitur. Ac sic prope innumerabiles species reperiuntur, quae utique aliquo momento inter se differant: sicut quattuor ventos generaliter a totidem mundi cardinibus accepimus flare, cum interim plurimi medii et eorum varia nomina, et quidam etiam regionum ac fluminum proprii, deprehenduntur.
68 Eademque musicis ratio est, qui, cum in cithara quinque constituerunt sonos, plurima deinde varietate complent spatia illa nervorum, atque his, quos interposuerunt, inserunt alios, ut pauci illi transitus multos gradus habeant.

69 Plures igitur etiam eloquentiae facies, sed stultissi-

mum quaerere, ad quam se recturus sit orator; cum
omnis species, quae modo recta est, habeat usum,
atque id ipsum omne sit oratoris, quod vulgo *genus
dicendi* vocant. Utetur enim, ut res exiget, omnibus, nec pro causa modo sed pro partibus causae.
Nam ut non eodem modo pro reo capitis et in certa- 70
mine hereditatis et de interdictis ac sponsionibus et de
certa credita dicet, sententiarum quoque in senatu et
contionum et privatorum consiliorum servabit discrimina, multa ex differentia personarum, locorum tempo-
rumque mutabit: ita in eadem oratione aliter concilia-
bit, non ex iisdem haustibus iram et misericordiam pe-
tet, alias ad docendum alias ad movendum adhibebit
artes. Non unus color prooemii, narrationis, argumen- 71
torum, egressionis, perorationis servabitur. Dicet
idem graviter, severe, acriter, vehementer, concitate,
copiose, amare, comiter, remisse, subtiliter, blande,
leniter, dulciter, breviter, urbane; non ubique similis
sed ubique par sibi. Sic fiet cum id, propter quod 72
maxime repertus est usus orationis, ut dicat utiliter et
ad efficiendum quod intendit potenter; tum laudem
quoque nec doctorum modo sed etiam vulgi consequatur.

Falluntur enim plurimum, qui vitiosum et corrup- 73
tum dicendi genus, quod aut verborum licentia exultat
aut puerilibus sententiolis lascivit aut immodico tumore
turgescit aut inanibus locis bacchatur aut casuris, si
leviter excutiantur, flosculis nitet aut praecipitia pro
sublimibus habet aut specie libertatis insanit, magis
existimant populare atque plausibile. Quod quidem 74
placere multis nec infitior nec miror. Est enim iucunda auri ac favorabilis qualiscunque eloquentia et ducit
animos naturali voluptate vox omnis, neque aliunde illi
per fora atque aggerem circuli; quo minus mirum est,
quod nulli non agentium parata vulgi corona est. Ubi 75
vero quid exquisitius dictum accidit auribus imperitorum, qualecunque id, quod modo se ipsi posse despe-

rent, habet admirationem; neque immerito; nam ne illud quidem facile est. Sed evanescunt haec atque emoriuntur comparatione meliorum, *ut lana tincta fuco citra purpuras placet; at si contuleris Tyriae lacernae, conspectu melioris obruatur*, ut Ovidius ait.
76 Si vero iudicium his corruptis acrius adhibeas ut fucinis sulfura: iam illum, quo fefellerant, exuant mentitum colorem et quadam vix enarrabili foeditate pallescant. Lucent igitur haec citra solem, ut quaedam exigua animalia igniculi videntur in tenebris. Denique mala multi probant, nemo improbat bona.

77 Neque vero omnia ista, de quibus locuti sumus, orator optime tantum sed etiam facillime faciet. Neque enim vim summam dicendi et admiratione dignam infelix usque ad ultimum sollicitudo persequitur nec oratorem macerat et coquit aegre verba vertentem et perpendendis coagmentandisque eis intabescentem.
78 Nitidus ille et sublimis et locuples circumfluentibus undique eloquentiae copiis imperat. Desinit enim in adversa niti, qui pervenit in summum. Scandenti circa ima labor est; ceterum quantum processeris, mol-
79 lior clivus ac laetius solum. Et si haec quoque iam lenius supina perseverantibus studiis evaseris: inde fructus illaborati offerunt sese et omnia sponte proveniunt; quae tamen cotidie nisi decerpantur, arescunt. Sed et copia habet modum, sine quo nihil nec laudabile nec salutare est, et nitor ille cultum virilem et in-
80 ventio iudicium. Sic erunt magna, non nimia; sublimia, non abrupta; fortia, non temeraria; severa, non tristia; gravia, non tarda; laeta, non luxuriosa; iucunda, non dissoluta; grandia, non tumida. Similis in ceteris ratio est ac tutissima fere per medium via, quia utriusque ultimum vitium est.

CONCLUSIO.

XI. His dicendi virtutibus usus orator in iudiciis,
consiliis, contionibus, senatu, in omni denique officio
boni civis finem quoque dignum et optimo viro et opere
sanctissimo faciet; non quia prodesse unquam satis sit
et illa mente atque illa facultate praedito non optandum operis pulcherrimi quam longissimum tempus,
sed quia decet hoc quoque prospicere, ne quid peius,
quam fecerit, faciat. Neque enim scientia modo con- 2
stat orator, quae augetur annis, sed voce, latere, firmitate; quibus fractis aut imminutis aetate seu valetu-
dine cavendum est, ne quid in oratore summo desideretur, ne intersistat fatigatus, ne quae dicet parum audiri
sentiat, ne se quaerat priorem. Vidi ego longe om- 3
nium, quos mihi cognoscere contigit, summum oratorem, Domitium Afrum valde senem, cotidie aliquid ex
ea, quam meruerat, auctoritate perdentem, cum agente
illo, quem principem fuisse quondam fori non erat dubium, alii, quod indignum videatur, riderent, alii eru-
bescerent; quae occasio fuit dicendi, *malle eum deficere quam desinere.* Neque erant illa qualiacunque 4
mala sed minora. Quare antequam in has aetatis veniat insidias, receptui canet et in portum integra nave
perveniet.

Neque enim minores eum, cum id fecerit, studiorum
fructus prosequentur. Aut ille monumenta rerum
posteris aut, ut L. Crassus in libris Ciceronis destinat,
iura quaerentibus reddet aut eloquentiae componet
artem aut pulcherrimis vitae praeceptis dignum os
dabit. Frequentabunt vero eius domum optimi iuve- 5
nes more veterum et veram dicendi viam velut ex oraculo petent. Hos ille formabit quasi eloquentiae
parens, et ut vetus gubernator litora et portus et, quae
tempestatum signa, quid secundis, flatibus quid adver-
sis ratio poscat, docebit, non humanitatis solum com

6 muni ductus officio sed amore quodam operis. Nemo
enim minui velit id, in quo maximus fuit. Quid porro
est honestius quam docere quod optime scias? Sic ad
se Caelium deductum a patre Cicero profitetur; sic
Pansam, Hirtium, Dolabellam in morem praeceptoris
7 exercuit cotidie dicens audiensque. Ac nescio an eum
tunc beatissimum credi oporteat fore, cum iam secretus
et consecratus, liber invidia, procul contentionibus
famam in tuto collocarit et sentiet vivus eam, quae
post fata praestari magis solet, venerationem et, quid
apud posteros futurus sit, videbit.

8 Conscius sum mihi, quantum mediocritate valui,
quaeque antea scierim, quaeque operis huiusce gratia
potuerim inquirere, candide me atque simpliciter in
notitiam eorum, si qui forte cognoscere voluissent, pro-
tulisse. Atque id viro bono satis est, docuisse quod
9 sciret. Vereor tamen, ne aut magna nimium videar
exigere, qui eundem virum bonum esse et dicendi peritum velim; aut multa, qui tot artibus in pueritia discendis morum quoque praecepta et scientiam iuris
civilis praeter ea, quae de eloquentia tradebantur,
adiecerim; quique haec operi nostro necessaria esse
crediderint, velut moram rei perhorrescant et despe-
10 rent ante experimentum. Qui primum renuntient sibi,
quanta sit humani ingenii vis, quam potens efficiendi
quae velit: cum maria transire, siderum cursus nume-
rosque cognoscere, mundum ipsum paene dimetiri
minores sed difficiliores artes potuerint. Tum cogi-
tent, quantam rem petant, quamque nullus sit hoc
11 proposito praemio labor recusandus. Quod si mente
conceperint: huic quoque parti facilius accedent, ut
ipsum iter neque impervium neque saltem durum putent. Nam id, quod prius quodque maius est, ut boni
viri simus, voluntate maxime constat; quam qui vera
fide induerit, facile easdem, quae virtutem docent, artes
12 accipiet. Neque enim aut tam perplexa, aut tam
numerosa sunt quae promuntur, ut non paucorum

admodum annorum intentione discantur. Longam enim facit operam, quod repugnamus; brevis est institutio vitae honestae beataeque, si credas. Natura enim nos ad mentem optimam genuit, adeoque discere meliora volentibus promptum est, ut vere intuenti mirum sit illud magis, malos esse tam multos. Nam ut aqua 13
piscibus, ut sicca terrenis, circumfusus nobis spiritus volucribus convenit: ita certe facilius esse oportebat secundum naturam quam contra eam vivere. Cetera vero, etiamsi aetatem nostram non spatio senectutis sed tempore adolescentiae metiamur, abunde multos ad discendum annos habent. Omnia enim breviora reddet ordo et ratio et modus. Sed culpa est in praeceptoribus 14
prima, qui libenter detinent quos occupaverunt, partim cupiditate diutius exigendi mercedulas partim ambitione, quo difficilius sit quod pollicentur, partim etiam inscientia tradendi vel negligentia. Proxima in nobis, qui morari in eo quod novimus, quam discere quae nondum scimus, melius putamus. Nam ut de nostris 15
potissimum studiis dicam, quid attinet tam multis annis, quam in more est plurimorum (ut de his, a quibus magna in hoc pars aetatis absumitur, taceam) declamitare in schola et tantum laboris in rebus falsis consumere, cum satis sit modico tempore imaginem veri discriminis et dicendi leges comperisse? Quod 16
non dico, quia sit unquam omittenda dicendi exercitatio, sed quia non in una sit eius specie consenescendum. Cognoscere et praecepta vivendi perdiscere et in foro nos experiri potuimus, dum scholastici sumus. Discendi ratio talis, ut non multos annos poscat. Quaelibet enim ex iis artibus, quarum habui mentionem, in paucos libros contrahi solet; adeo non est infinito spatio ac traditione opus. Reliqua est, quae vires cito facit, cum fecit, tuetur, consuetudo. Rerum 17
cognitio cotidie crescit, et tamen quam multorum ad eam librorum necessaria lectio est, quibus aut rerum exempla ab historicis aut dicendi ab oratoribus petun-

tur? Philosophorum quoque consultorumque opiniones, sicuti alia, velimus legere, nec, quod quidem potest, omnia. Sed breve nobis tempus nos facimus.
18 Quantulum enim studiis impartimur? Alias horas
vanus salutandi labor, alias datum fabulis otium, alias
spectacula, alias convivia trahunt. Adiice tot genera
ludendi et insanam corporis curam; trahat inde pere-
grinatio, rura, calculorum anxiae sollicitudines, multae
causae libidinum et vinum et flagitiosus omni genere
voluptatum animus; ne ea quidem tempora idonea,
19 quae supersunt. Quae si omnia studiis impenderen-
tur: iam nobis longa aetas et abunde satis ad discendum spatia viderentur vel diurna tantum computanti-
bus tempora; ut nihil noctes, quarum bona pars omni
somno longior est, adiuvarent. Nunc computamus
20 annos, non quibus studuimus sed quibus viximus. Nec
vero si geometrae et grammatici ceterarumque artium
professores omnem suam vitam, quamlibet longa fuerit,
in singulis artibus consumpserunt, sequitur ut plures
quasdam vitas ad plura discenda desideremus. Neque
enim illi didicerunt haec usque in senectutem sed ea
sola didicisse contenti fuerunt ac tot annos in utendo
non in percipiendo exhauserunt.

21 Ceterum, ut de Homero taceam, in quo nullius non
artis aut opera perfecta aut certe non dubia vestigia
reperiuntur; ut Eleum Hippiam transeam, qui non li-
beralium modo disciplinarum prae se scientiam tulit
sed vestem et anulum crepidasque, quae omnia manu
sua fecerat, in usu habuit, atque ita se praeparavit, ne
cuius alterius opere egeret: illusisse tot [malis], quot
summa senectus habet, universae Graeciae credimus,
Gorgian, qui quaerere auditores, de quo quisque vellet,
22 iubebat. Quae tandem ars digna litteris Platoni defuit? Quot saeculis Aristoteles didicit, ut non solum,
quae ad philosophos atque oratores pertinent, scientia
complecteretur, sed animalium satorumque naturas
omnes perquireret? Illis haec invenienda fuerunt,

nobis cognoscenda sunt. Tot nos praeceptoribus, tot
exemplis instruxit antiquitas, ut possit videri nulla
sorte nascendi aetas felicior quam nostra, cui docendae
priores elaborarunt. M. igitur Cato idem summus im- 23
perator, idem sapiens, idem orator, idem historiae con-
ditor, idem iuris, idem rerum rusticarum peritissimus
fuit; inter tot operas militiae, tantas domi contentiones,
rudi saeculo, litteras Graecas aetate iam declinata didicit, ut esset hominibus documento, ea quoque percipi
posse, quae senes concupissent. Quam multa, paene 24
omnia, tradidit Varro! Quod instrumentum dicendi
M. Tullio defuit? Quid plura? cum etiam Cornelius
Celsus, mediocri vir ingenio, non solum de his omnibus
conscripserit artibus sed amplius rei militaris et rusti-
cae et medicinae praecepta reliquerit, dignus vel ipso
proposito, ut eum scisse omnia illa credamus.

At perficere tantum opus arduum, et nemo perfecit. 25
Ante omnia sufficit ad exhortationem studiorum, capere id rerum naturam, nec, quidquid non est factum,
ne fieri quidem posse; tum omnia, quae magna sunt
atque admirabilia, tempus aliquod quo primum effice-
rentur habuisse. Nam et poesis ab Homero et Vergi- 26
lio tantum fastigium accepit et eloquentia a Demos-
thene atque Cicerone. Denique quidquid est optimum,
ante non fuerat. Verum etiamsi quis summa desperet:
(quod cur faciat, cui ingenium, valetudo, facultas,
praeceptores non deerunt?) tamen est, ut Cicero ait,
pulchrum *in secundis tertiisque consistere.* Neque 27
enim, si quis Achillis gloriam in rebus bellicis consequi
non potest, Aiacis aut Diomedis laudem aspernabitur,
nec qui Homeri non, Tyrtaei. Quin immo si hanc cogitationem homines habuissent, ut nemo se meliorem
fore eo, qui optimus fuisset, arbitraretur: hi ipsi, qui
sunt optimi, non fuissent, neque post Lucretium ac
Macrum Vergilius nec post Crassum et Hortensium
Cicero sed nec illi, qui post eos fuerunt. Verum ut 28
transeundi spes non sit: magna tamen est dignitas

subsequendi. An Pollio et Messala, qui iam Cicerone
arcem tenente eloquentiae agere coeperunt, parum in
vita dignitatis habuerunt, parum ad posteros gloriae
tradiderunt? Alioqui pessime de rebus humanis per-
ductae in summum artes mererentur, si, quod opti-
29 mum, fuisset. Adde quod magnos modica quoque elo
quentia parit fructus, ac, si quis haec studia utilitate
sola metiatur, paene illi perfectae par est. Neque erat
difficile vel veteribus vel novis exemplis palam facere,
non aliunde maiores opes, honores, amicitias, laudem
praesentem, futuram hominibus contigisse: nisi indignum litteris esset, ab opere pulcherrimo, cuius tractatus atque ipsa possessio plenissimam studiis gratiam
refert, hanc minorem exigere mercedem, more eorum,
qui a se non virtutes sed voluptatem, quae fit ex vir-
30 tutibus, peti dicunt. Ipsam igitur orandi maiestatem,
qua nihil dii immortales melius homini dederunt, et
qua remota muta sunt omnia et luce praesenti ac memoria posteritatis carent, toto animo petamus nitamur-
que semper ad optima, quod facientes aut evademus
in summum aut certe multos infra nos videbimus.
31 Haec erant, Marcelle Victori, quibus praecepta dicendi pro virili parte adiuvari posse per nos videbantur, quorum cognitio studiosis iuvenibus si non magnam utilitatem afferet, at certe, quod magis petimus,
bonam voluntatem.

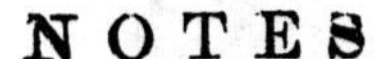

NOTES

NOTES

ON THE

INSTITUTIONS OF QUINTILIAN.

BOOK TENTH.

ON THE MEANS OF ACQUIRING ELOQUENCE.

THE Tenth Book is divided into seven chapters, the first of which discusses the importance of *reading* as a means of acquiring command of language, and describes a select course of reading best adapted to this end, both in Latin and Greek authors. The second chapter treats of *imitation*, the third, fourth and fifth, of *writing*, the sixth, of *premeditation*, and the seventh, of *extemporary speaking*.

CHAPTER I.

COMMAND OF LANGUAGE ATTAINED BY READING.

1–4 Writing reading and speaking as means of improvement. 5–14 The command of words is to be attained by reading the best authors, and by hearing the best orators. 15 These furnish actual examples instead of theories. 16–20 Wherein hearing, wherein reading is preferable. 21, 22 Whom shall we read, and how? 23, 24 Speeches on both sides of questions. 25, 26 We must judge cautiously even of the best authors. 27–30 The benefit to be derived from reading poets, 31–34 historians, 35, 36 philosophers. 37–46 A judicious course of reading will embrace also recent authors. 47–51 THE GREEK POETS. *Heroic:* Homer, 52 Hesiod, 53 Antimachus, 54 Panyasis, Apollonius, 55 Aratus, Theocritus, Pisander, Nicander, Euphorion, Tyrtaeus, 56–58 Callimachus, Philetas. 59, 60 *Iambic:* Archilochus. 61 *Lyric:* Pindar, 62 Stesichorus, 63 Alcaeus, 64 Simonides. 65, 66 *Early comic:* Aristophanes, Eupolis, Cratinus. *Tragic:* Aeschylus, 67, 68 Sophocles, Euripides. 69–72 *Later comic:* Menander, Philemon. 73 THE GREEK HISTORIANS. Herodotus, Thucydides, 74 Theopompus, Philistus, Ephorus, Clitarchus, 75 Timagenes. 76 THE GREEK ORATORS. Demosthenes, 77 Aeschines, Hyperides, 78 Lysias, 79 Isocrates, 80 Demetrius Phalereus. 81 THE GREEK PHILOSOPHERS. Plato, 82 Xenophon, 83 Aristotle, Theophrastus, 84 the Stoics. 85, 86 THE ROMAN POETS. *Heroic:* Virgil, 87 Macer, Lucretius, Varro Atacinus, 88 Ennius, Ovid, 89 Cornelius Severus, 90 Valerius Flaccus, Saleius Bassus, Rabirius, Pedo, Lucan, 91, 92 Domitian. 93, 94 *Elegiac:* Tibullus, Propertius, Ovid, Gallus. *Satiric:* Lucilius, Horace, Persius, 95 Varro

96 *Iambic:* Catullus, Bibaculus, Horace. *Lyric:* Horace, Caesius Bassus. 97, 98 *Tragic:* Accius, Pacuvius, Varius, Pomponius Secundus. 99, 100 *Comic:* Plautus, Caecilius, Terentius, Afranius. 101–104 THE ROMAN HISTORIANS. Sallust, Livy, Servilius Nonianus, Aufidius Bassus. 105–112 THE ROMAN ORATORS. Cicero, 113 Pollio, Messala, 114 Julius Caesar, 115 Caelius, Calvus, 116, 117 Servius Sulpicius, Cassius Severus, 118 Domitius Afer, Julius Africanus, 119 Trachalus, Vibius Crispus, Plancus, 120–122 Julius Secundus. 123, 124 THE ROMAN PHILOSOPHERS. Cicero, Brutus, Celsus, Plancus, Catius, 125–131 Seneca.

NOTES ON CHAPTER I.

(Grammatical references are made chiefly to the Latin grammars of Harkness, Andrews & Stoddard, and Zumpt; designated respectively by the abbreviations H., A. & S., and Z.)

1. Haec eloquendi praecepta. The reference is to the rhetorical, or stylistic principles taught in the eighth and ninth books.

Sicut—ita. These particles, and also *ut-ita*, frequently express the relation of 'though—yet.'

Cognitioni is *theoretical knowledge*, as opposed to *vim dicendi*, or actual *oratorical power;* which depends not only on this knowledge of rhetorical principles, but also on the attainment of a fixed and easy habit of expression (ἕξις), formed by the *study of the best authors*, and by the *practice of writing and speaking.*

2. Citra is frequent in the sense of *sine.*

Fluit has the signification of *fluitat* or *fluctuat;* as in 7th. bk. praef. 3: *oratio, carens hac virtute, tumultuetur necesse est, et sine rectore fluitet.*

In procinctu. *Ready for battle;* here in a figurative sense not found in Cicero.

Quae (*dicenda*). What we are to say, is ascertained by "invention"; **quo modo dicenda** refers to *elocutio*, or "style."

3. Protinus. *At once*, or, "at the very first." That which is most essential and most characteristic, is not necessarily the first thing in the order of studies.

Ante omnia. i.e. in importance.

Proximam imitationem (*fuisse*). The construction is the same as that of *initium fuisse. Imitation was next* (in the *history* of the art.)

Imitatio involves in itself both 'reading' and 'hearing.' Comp. Chap. 2.

4. Athleta. Instead of the fuller expression, *orator noster, velut athleta.*

Numeros. *Elements, parts*, or *principles.* In palaestric exercises, the different movements of the body and limbs appear to have been designated by certain *numbers;* and, perhaps, were called off by the master, as in a modern fencing school. Comp. XII, 2, 12. See Forcell. art. *numerus.*

Qui sciet, (*et qui*), **perceperit.** In books of instruction, the future is often used instead of the subjunctive, in relative clauses. Comp. §§ 5, 10, 13, 17, 22, 33, etc.

Verba. Object of the gerunds. The whole of the foregoing treatise on *invention*, *arrangement*, *elocution*, and *composition*, is briefly indicated in the clauses *qui sciet*, (qui) *perceperit*.

7. Congregat—occupet. Quintilian often leaves an indefinite personal subject to be understood. Here, 'the orator.' Comp. chap. 2, 24; 7, 4, 25.

9. Scriptores—iamborum. Archilochus was the most famous of these. *Archilochum proprio rabies armavit iambo.* Horace, Ars Poet. 79. Some of the epodes of Horace illustrate this style of satiric writing.

10. Formas mensurasque. *Their forms and proportions;* the character of words, in respect to sound, and quantity of syllables, regulating their position in sentences.

Iussu regum. The experiment of the Egyptian Psammeticus seems to be alluded to, as related in Herod. 2, 2.

11. Alia. Supply *verba.* **Vocibus** here relates to the form, or sound, of the terms; **verba** to their sense.

Nihil significationis intersit. *It makes no difference as to the sense:* so VII, 2, 20: *nihil interest actionum.* The more usual construction here would be *ad significationem.* See H. 408, 4; A. & S. 219, R. 3; Z. 450.

12. Nam. Some sentence is often to be supplied before this particle, as here: 'And we carry the *trope* still farther.'

14. Inter se idem faciunt. *Reciprocally yield the same idea; perform the same office.*

15. Ut—ita. See note on § 1.

Hoc—quia. *For this reason—because.*

16. Alia—adiuvant. *Some* (benefits) *attend more those who hear; others those who read.* Hearing and reading have each their peculiar advantages.

Ambitu. *By the outline.*

Iudicii. *The trial.* It should be remembered that Quintilian has chiefly in mind throughout this treatise, the *judicial* orator.

17. Docent. *Afford instruction.*

Ille clamor. Idlers were often employed, for a fee, to applaud the speakers in the courts. See Quint. IV, 2, 37. The younger Pliny in Epistle 2, 14, expresses his disgust at the practice.

20. Nonnisi, in the later Latin, becomes an adverb equivalent to *tantum*, and is properly written as one word.

Quoque is quite frequent in Quint. in the sense of *etiam.*

21. Summa. *The last;* opposed to *prima.*

23. Tuberonis, Hortensii. Supply *oratio.*

Calidius. One of the younger Orators mentioned by Cicero in the Brutus,' 274.

Celsus. See § 124.

24. Dormitare. No passage can be found in which Cicero actually applies this term to Demosthenes, though in the *Orator*, 104, he remarks that even Demosthenes *does not always satisfy his ear; non semper implet aures meas;* which Quintilian may have regarded as implying a similar idea to that expressed by Horace in respect to Homer: *quandoque bonus dormitat Homerus.* Ars Poet., 359. It is probable, however, that the quotation, as in XII, 2, 23, is from some work of Cicero no longer extant.

25. Putant, putent. Such apparent negligence in the close repetition of words and phrases is not unfrequent in Q. Comp. above §§ 22, 23, *quin etiam.*

27. Theophrastus. See § 83. **Spiritus.** *liveliness.*

Decor. *propriety: id quod decet.* See Hor. A. P. 157.

Cicero—putat. See *orat. pro Archia*, 6: *an tu existimas—ferre animos tantam posse contentionem, nisi eos doctrina eadem relaxemus.*

28. Genus. *Kind* (of literature, or composition). Supply *esse.*

Solam—voluptatem. This is somewhat opposed to the idea of Horace. Ars Poet., 333; *Aut prodesse volunt, aut delectare poetae.*

Patrocinio. *Excuse*, or *indulgence.*

29. Alligata. Supply *poesis.*

Mutare verba. To change the signification of words, or to use them figuratively.

Extendere, and **corripere,** have reference to diaeresis, synaeresis, and the other modes of lengthening and contracting words.

Convertere refers to the transposition of words; **dividere** to the separation of those which are grammatically connected, and perhaps also to the *tmesis.*

31. Carmen solutum. *A poem in prose;* not *alligata ad pedum necessitatem. Oratio soluta* is a common phrase for prose.

Pugnam. That is, the contest of the forum; *pugna forensis.* Cicero and Quintil. frequently use this metaphor.

32. Iudicem saepius ineruditum. Those who were learned in the law, commonly acted as counsellors, and advocates. The Roman *judices* were appointed by the praetor, or assigned by lot, for the decision of particular cases, generally without regard to education, or legal qualification. See Smith's Dict. of Antiq. *judex.*

Lactea ubertas. These words denote the qualities expressed in II, 5, 19, by *candidissimus*, and *maxime expositus;* and in § 101, by *clarissimi candoris; purity and fluency.*

33. Bellicum canere. The words are from the *Orator*, 12, 39. **Ore Musas,** etc. Orator, 19. 62.

Existimet. For the subjunctive after *quanquam* see H. 516, 2; A. & S. 263, 2, 4; Z. 574, n.

In his esse. *Pertain to these. His* is opposed to *digressionibus;* signifying *these things* which are the real argument, or *quaestio.*

Demetrius. See § 80. Cic. Brut. 9, 38; *Hic* (*Demetrius*) *primus inflexit orationem et eam mollem teneramque reddidit.*

Bene facere. *To be advantageous.*

34. Sumat. *Ut* is omitted.

35. Ut essent—factum est. H. 558,IV; A. & S. 273, b; Z. 618.

Altercationibus. Debates, or interrogatories; a kind of judicial sparring between the opposing advocates, instead of the regular and continuous speech. Quint. (VI. 4, 2), calls this proceeding *actio brevis*, as opposed to *actio perpetua*, or *uninterrupted pleading.* It demanded great acuteness and ready wit.

Socratici. The writers of Socratic dialogues; Plato, Xenophon, and Aeschines. Comp. § 83.

36. In rebus iisdem. i.e. questions of right and wrong, good and bad, &c.

Disputationum. Philosophical discussions.

Periculorum. Trials involving either life or property.

37. Qui sint. Supply *legendi;* or, *ii, quos maxime legendos censeam.*

Persequi. *To describe fully.*

38. Si—philosophos. Supply *persequar.*

Et illos. *Also those* (contemporaries of Cicero).

39. Apud Livium. This Epistle of Livy, the historian, to his son, is also referred to by Quint. in II. 5, 20, and VIII. 2, 18.

40. Iudicii summa. *My opinion on the whole, or in general;* as opposed to the idea of any minute description of individual authors.

41. Qui—speraverit. The text here is probably corrupt.

Partis is an objective, and **posteritatis** a subjective genitive, both limiting *memoriam.* The sense is, *the future memory* (*memory of futurity*) *of some part* (of his work). H. 397, 2; A. & S. 211, R. 10; Z. 423, n. The passage may be rendered, *who has not hoped even with the smallest confidence for the memory of some part* (of his work) *hereafter.* Thus we shall find some portion of almost every work written with sufficient care to repay the reading of it. Others join *partis* with *fiducia.*

Detrimento. Ablat. of price.

42. Phrasin. *Style* or *Elocutio.* See § 87, and VIII. 1, 1.

43. Lascivia. *Meretricious style.*

44. Pressa. *Compact.*

Tenuia. *Terse;* devoid of all superfluity.

Compositi. *Smooth*, or *harmonious;* i. e. from its rhythmical structure.

45. Genera ipsa. The author's purpose is not to describe all the writers of merit individually, (see above § 37), but the *classes themselves* or *particular sorts*, which will be useful to the orator.

Existimem. H. 501; A. & S. 264, 1, (b); Z. 558.

46. Aratus. The quotation is from the poem of Aratus, entitled *φαινόμενα*, beginning with these words: *Ἐκ Διὸς ἀρχώμεσθα.* Quint begins with those Greek poets who wrote chiefly hexameters and pentameters. These are embraced in §§ 46–58.

Ex oceano, etc. From the Iliad XXI. 195: 'Ἐξ οὗπερ πάντες ποταμοί, etc.

Laetus. Rich in ornament; *flowery.*

48. Affectus—concitatos. The rhetoricians designated the more powerful emotions, as a class, by the term πάθος; the milder, or *affectus mites,* by ἦθος. Comp. §§ 13, 101.

Utriusque operis. The Iliad and Odyssey. Horace quotes the introduction to the latter in the Ars Poetica, 140, sqq.

49. Qui—exponit. See Il. XVIII, 20, and IX. 525, sqq.

Signa. Sensible proofs, or external appearances; as *cruenta vestis clamor, color,* etc.

Cetera. Bonnell supplies *instrumenta.* Zumpt retains the reading found in all the manuscripts: *quae probandi ac refutandi sunt,* and also supplies *instrumenta.*

50. Priami—precibus. Il. XXIV, 486, sqq.

Nam. Elliptical. Homer furnishes happy examples for every part of a regular discourse; *for what closing appeal can ever be compared,* &c.?

Magni sit. *It is* (a matter) *of great worth.* Some manuscripts read *magni viri.*

51. Clarissima comparatio. *The comparison is most obvious,* or, *the contrast is the most striking.*

52. Hesiodus lived about a hundred years after Homer.

Circa. *In respect to.* So often.

Sententiae. Proverbs, aphorisms, or fine thoughts.

Compositionis. The arrangement of words with reference to smoothness and harmony. Before *probabilis* supply *est.* See also note on *compositi,* § 44.

Medio genere. There are three kinds of style, or *genera dicendi;* the simple (*tenue* or *subtile*); the grand (*amplum, grande, ornatum*); and the intermediate (*medium, suave*). Cic. Orat. 20 sq.

53. Antimacho lived about 405 B. C. He wrote an Epic poem entitled *Thebais.*

Secundas (*partes*). As compared with Homer.

Grammaticorum. This term was applied to the most learned critics and commentators, such as Aristarchus among the Greeks, and Gnipho, or Hyginus, among the Romans.

Proximum. He is *secundus* who is removed only one step, as it were; but he is *proximus* between whom and the first, however distant, no one intervenes; as Cic. Brut. 173; *L. Philippus proximus accedebat, sed longo intervallo proximus.* Comp. Virg. Aen. V. 320. It is implied that the critics would have spoken more accurately if they had called him *the next,* instead of *the second.*

54. Panyasin. Panyasis of Halicarnassus flourished 490 B. C. He wrote a heroic poem on the deeds of Hercules.

Utroque refers to Hesiod and Antimachus.

Apollonius, surnamed Rhodius, the author of the "Argonautics," was born at Alexandria, but obtained the citizenship of Rhodes. He was Librarian at Alexandria B. C. 196.

Aristophanes and **Aristarchus** were both eminent critics, and both in charge of the Alexandrian Library; the former B. C. 264, the latter B. C. 150. To them are due the catalogues, or canons, which classify the Grecian poets.

Aequali mediocritate. Not in a disparaging sense. *In an even and well attempered style.*

55. Arati. Aratus, of Soli, in Cilicia, lived at the court of King Antigonus Gonatus of Macedon, B. C. 270. His astronomical poem, entitled *φαινώμενα καὶ Διοσημεῖα*, is still extant; and also parts of the Latin translations made by Cicero, and by Caesar Germanicus.

Theocritus, the most distinguished of the writers of Idyls, flourished at Syracuse, B. C. 275.

56. Pisandros, of Rhodes, author of a poem on the exploits of Hercules, probably lived about B. C. 645.

Nicandrum. Nicander lived at the court of Attalus, King of Pergamus, about B. C. 150.

Frustra. *Without good reason.*

Euphorionem. Euphorion of Chalcis flourished in the time of Antiochus the Great, B. C. 225. The passage of Virgil referred to is Ecl. X, 50: *Chalcidico quae sunt mihi condita versu, Carmina, pastoris Siculi modulabor avena.*

Tyrtaeum. Tyrtaeus was a statesman, soldier, and poet. He is generally supposed to have been an Athenian by birth, though by some considered a Lacedaemonian. At any rate, he became a leader of the Lacedaemonians in the second Messenian War, about B. C. 680, and greatly contributed to their success by his wise counsels, and his battle songs.

57. Ut qui dixerim. See § 40 sq. For the mode see H. 519, 1; A. & S. 264, 8, 2; Z. 565.

Iam—viribus. Comp. § 131.

58. Callimachus, of Cyrene, flourished at Alexandria, as a Member of the Museum, and librarian of the Alexandrian Library, B. C. 260.

Philetas, of Cos, was instructor of Ptolemy Philadelphus; he died about B. C. 290.

59. Sed dum assequimur. *But while we are attaining;* as opposed to the foregoing *iam perfectis viribus*, and *tunc*, the time when we shall be permitted to take up the minor poets.

Firmam facilitatem. See § 1.

Color. A frequent figure for style, or characteristic diction. Comp. § 116; and chap. 6, § 5.

Ex tribus. The other two are Simonides of Samos, and Hipponax.

Unus. For the superlative with *unus*, see A. & S. 127, n. 2; Z. 691.

Archilochus of Paros, about B. C. 700. See n. above on § 9.

60. Elocutionis. *Expression*, or φράσις.

Quod quoquam, etc. *That he is inferior to any one, is the fault rather of his subject, than of his talents.* For this usage of *quisquam* see A. & S. 207, 31, b; Z. 709, b.

61. Novem. Of the nine Grecian lyrists, those not mentioned here are Bacchylides, Ibycus, Anacreon, Alcman, and Sappho.

Horatius. See Hor. O. 4, 2, 1, sqq.

62. Stesichorus, of Himera, in Sicily. B. C. 608.

Canentem, sustinentem. The accus. agrees with *eum*, or *Stesichorum*, to be supplied after *ostendunt*. The nominat., *Stesichorus*, here, is the reading of all the manuscripts.

63. Alcaeus, of Mitylene, in Lesbos, B. C. 600.

Aureo plectro. See Hor. O. 2, 13, 26.

Tyrannos. They were Myrsilus, and Pittacus. Comp. Hor. O. 2, 13, 26, sq. That portion of the poems of Alcaeus (*parte operis*), which describes the ten years' civil war, in which he was engaged, was called στασιωτικά.

Sed et lusit. *But he also composed trifles.* Comp. Hor. O. 1, 32: *Venerem et illi Semper haerentem puerum canebat, Et Lycum*, sq.

64. Simonides, of Ceos, B. C. 500; to be distinguished from the iambist Simonides of Samos, mentioned in note on § 59.

Tenuis alioqui. *Though meagre in other respects.* He lacked the copiousness and force which would render him profitable to the Orator. In pathos, *in commovenda miseratione*, Dionysius regards him as superior even to Pindar.

65. Antiqua comoedia. The "old comedy," as opposed to the "new." Comp. note on § 69.

Facundissimae libertatis. Spald. regards this as a genitive of quality, to be translated with the present participle, *being*; (the ancient comedy) *being of* (or possessing) *the most out-spoken freedom*; i. e. *of the greatest freedom of speech.* Wolff and others have adopted the reading *facundissimae libertatis est, et insectandis*, etc.

Praecipua. *Most conspicuous.*

Ulla. Supply *poesis.*

Ut Achillem. See Il. II. 673.

66. Aristophanes, the most famous of the Greek comic poets, flourished at Athens, B. C. 420.

Cratinus was older than Aristophanes; **Eupolis** was of about the same age. Horace associates the three names in Sat. 1, 4, 1.

Aeschylus. B. C. 525—456.

Incompositus. *Inharmonious.* Not well put together in respect to euphony.

Correctas eius fabulas. Boeckh regards this statement as unfounded.

In certamen. *Into competition*, namely, for the tragic prize.

67. Sophocles, Euripides. The former was born B. C. 495, the latter, fifteen years later.

68. Cothurnus. A metonymy for *tragic style.*

Sententiis densus. *Crowded with thoughts*, or *maxims.* Euripides had been trained in philosophy by Anaxagoras, and in rhetoric by Prodicus.

69. Menander, of Athens, called *princeps novae comoediae*, lived from 342, to 291 B. C. Only fragments are now extant of his numerous plays, the character of which may be partially understood from those of Terence, his Roman imitator. Of his imitation of Euripides, Schlegel, quoted in Smith's Dict. of Anc. Biogr. Art. Menander remarks: "Euripides was the forerunner of the New Comedy; the poets of this species admired him especially, and acknowledged him for their master. Nay, so great is this affinity of tone and spirit between Euripides and the poets of the New Comedy, that apothegms of Euripides have been ascribed to Menander, and vice versa. On the contrary, we find among the fragments of Menander maxims of consolation which rise in a striking manner even into the tragic tone."

70. Nec nihil viderunt. *Nor have* (those critics) *lacked discrimination.*

Charisii. Charisius was an Athenian orator, a contemporary of Demosthenes.

In opere suo. *In his own work*, i. e. in his comedies themselves, Menander *seems to be proved an orator.*

Mala. Praedicate adjective; supply *sunt.*

Iudicia. *Judicial arguments.*

Epitrepontes, Epicleros, etc. Greek titles of some of the comedies of Menander.

Meditationes. School speeches, or declamations; preparatory to judicial pleading.

Numeris. Not *rhythms*, or *measures* here, but *parts*, or *elements;* as in § 91.

71. Declamatoribus. Students in the schools of rhetoric, who, in the advanced part of their course, were exercised in controversies, *controversiae*, or legal arguments, of every possible character. These exercises were not unlike those of the "moot courts," in our present law schools.

Plures subire personas. *To assume many characters*, i. e., to represent them in declamation. The following genitives limit *personas* understood, in apposition with the foregoing *personas.*

Decor. See n. on § 27.

72. Fulgore quodam—tenebras obduxit. *He has drawn a shadow over* *them*, (*iis*) made them seem dark, *by the brightness, as it were, of his own glory.*

Philemon, of Soli, or, as some say, of Syracuse. He was a little older than Menander, although he died some years later.

Meruit. Not simply *has deserved*, but *has won* the credit. Comp. §§ 94, 116.

73. Candidus. See n. on § 32.

Thucydides. B. C. 425.

Herodotus. B. C. 450.

Affectibus. See n. on § 48.

Sermonibus. *In conversations.*

74. Theopompus, of Chios, born B. C. 378. He was a disciple of Isocrates, by whose advice he wrote the "Hellenics," and "Philippics," two historical works not now extant. His orations were chiefly panegyrics.

Praedictis=*antea* (*supra*) *dictis.*

Sollicitatus. Namely, by his teacher, Isocrates.

Philistus. An eminent historian of Syracuse, and also a powerful supporter of the Dionysii. He died by his own hand, in B. C. 356.

Meretur. In the sense of *dignus est*, and, hence, here followed by the subjunctive in the relative clause.

Aliquatenus. Post-Augustan for *aliquanto.*

Ephorus, of Cumae, died B. C. 333. He was under the instruction of Isocrates, at the same time with Theopompus. His great historical work, which has been lost, embraced the history both of Greeks and barbarians, from the return of the Heraclidae, to B. C. 341.

75. Clitarchi. Clitarchus accompanied Alexander the Great on his expeditions, and wrote a history of them. B. C. 336.

Timagenes, of Alexandria, was brought as a prisoner to Rome, in B. C. 55; where he afterwards taught rhetoric, and wrote histories under the patronage of Augustus; though finally driven from the city in consequence of speaking too boldly of the members of the imperial family.

Historias. *Historical works.* So the plural, § 34. The singular number usually denotes *history* as a *genus;* comp. §§ 31, 73, 74, 101, 102; seldom a single narrative. Bonnell.

Xenophon. Distinguished both for historical and philosophical works. B. C. 400. See § 82.

76. Ut cum. *Since, indeed.* So frequently in Quint. The earlier form was *quippe cum*, or *utpote cum.* See Cic. Ep. ad Att. 10, 3, and ad famil. 10, 32, 4.

Aetas una. Cic. Brut. 36: *Huic* (Demostheni) *Hyperides proximus et Aeschines fuit et Lycurgus et Dinarchus et is, cuius nulla extant scripta, Demades, aliique plures.* Haec enim aetas *effudit hanc copiam.* The five orators not mentioned here by Quint. are, probably, Antiphon, Andocides, Isaeus, Lycurgus, and Dinarchus. The ten great orators flourished in the early part, and middle, of the fourth century B. C.

Modus. *Due measure*, or *right proportion.*

77. Grandiori similis. *Like a greater* (orator); seeming like some one greater, though only at the first sight.

Lacertorum. A frequent metaphor to indicate oratorical strength. *In Lysia saepe sunt etiam lacerti, sic ut fieri nihil possit valentius.* Cic. Brut. 64. As opposed to *carnis* it may be rendered here by 'sinews.'

78. Docere. "Three things are to be effected by the orator: he should *instruct* (*docere*), *please* (*delectare*) and *powerfully move* (*vehementius movere*)." Cic. Brut. 185.

79. Palaestrae quam pugnae. His eloquence was rather adapted to attract applause at exhibitions than to win causes in the courts. Comp. § 29, *ad fin.*

Veneres. **Charms**; a usage of the word taken from the poets.

Nec immerito. *And not without good reason.*

Auditoriis. *Lecture rooms.* Comp. § 36.

Honesti. *The noble* or *refined* (in diction).

Compositione. See n. on § 52. Isocrates was the first who treated of the principles of oratorical rhythm or harmony. See Cic. Brut. 32.

80. Phalerea Demetrium. Demetrius of Phalerus had command of Athens under Cassander, B. C. 317—307. He was eminent as a statesman, orator, and poet. The ten orators alluded to in § 76 do not include Demetrius.

Illum. He has been mentioned in § 33.

Inclinasse. Cicero, in Brut. 38, says that Demetrius was the first who enfeebled (*inflexit*) the style of Athenian eloquence.

Medio. See n. on § 52.

81. M. Tullius. See *Orator*, 3, 12.

Pedestrem. πεζὸν λόγον. The term as descriptive of prose was first used by Horace. See O. 2, 12, 9. Cicero's expression is *oratio soluta.* See Brut. 32.

82. Xenophontis. See n. on § 75.

Pericle. Cic. Brut. 59: πειθώ—*quam deam in Pericli labris scripsit Eupolis sesitavisse.*

83. Socraticorum. See n. on § 35.

Aristotelem. B. C. 384—322.

Inventionum. The sense here is the same as that of the singular number.

Nam. See n. on § 12.

Theophrasto. Theophrastus of Lesbos, born B. C. 371, succeeded Aristotle as the head of the peripatetic school at Athens, where he died in B. C. 287. The story of his name being changed from Tyrtamus to Theophrastus on account of the divine beauty of his style, θεσπέσιον φράσεως, is probably a fancy of his biographers.

85. Dederit. *May afford.* A polite form of statement, less positive than the indicative, and frequent in Quintilian. See H. 485; A. & S. 260 R. 4; Z. 527.

Eius generis. i. e. of the heroic class.

Proximus. Scil. *Homero.*

86. Afro Domitio. Domitius Afer was the teacher of Quintilian on his first visit to Rome. See introduction, page 8. Also § 118.

Vergilius. This is the more correct orthography.

Ut—ita. See n. on § 1. *Cesserimus* does not depend on *ut*, but is a subjunctive used indefinitely for *cedendum est.* So Spalding.

Eminentibus. *In striking passages.*

Vincimur. The first person plural here implies that in this rivalry for poetic fame the Roman nationality is represented by Virgil. We, in the person of our poet, are surpassed. See the same usage of the first person plural in §§ 93, 99, 107.

Aequalitate. *Uniform excellence.* Virgil never falls below himself.

87. Macer. Aemilius Macer, a friend of Ovid, born at Verona, died three years after Virgil, B. C. 16. His lost poem on birds, snakes, and plants, was an imitation of the **Theriaca** of Nicander.

Lucretius. L. Lucretius Carus, author of the celebrated poem *de rerum natura*, which embodies the Epicurean system of nature. He lived probably from 95 to 51 B. C.

Atacinus Varro. P. Terentius Varro Atacinus, a native of Gallia Narbonensis, flourished towards the end of the republic, and obtained reputation as a poet chiefly on account of his translation of the *Argonautica* of Apollonius, and the *Phaenomena* of Aratus. He also wrote a poem entitled *Bellum Sequanicum.*

88. Ennium. Quintus Ennius, born at Rudiae in Calabria, B. C. 239, died at Rome B. C. 169. He may be styled the father of Roman literature, and especially of Roman poetry. The most famous of his poems was a Roman history in Latin hexameters, called the *Annales.* Only fragments of his works are preserved.

Robora may here be translated 'trunks.'

Lascivus. Here 'trivial.'

Ovidius. P. Ovidius Naso of Sulmo. B. C. 43—A. D. 18. His *Metamorphoses* are in heroic metres; *herois* (*versibus*).

89. Cornelius Severus was a contemporary of Ovid, who addressed to him one of the epistles written in Pontus. He did not live to complete the *Bellum Siculum.*

Ut est dictum. i. e. by the critics.

Secundum locum. The second place among Roman epic poets; Virgil holding the first.

90. Valerio Flacco. Valerius Flaccus, who flourished during the reign of Vespasian, was a friend of Martial. His unfinished poem, the Argonautics, is still extant.

Saleii Bassi. Saleius Bassus lived at the same period as the foregoing. He is warmly praised in the Dialogue *de Orat.* 5.

Rabirius ac Pedo. C. Rabirius, and C. Pedo Albinovanus were both contemporaries of Ovid, by whom their talents were highly estimated.

Lucanus. M. Annaeus Lucanus of Corduba (Cordova), author of the Pharsalia, nephew of the philosopher Seneca. He was born A. D. 38, and died by the command of Nero for participation in the conspiracy of Piso, A. D. 65.

91. Germanicum Augustum. Quintilian here speaks of the emperor Domitian. His affected love of letters, and especially his pretensions to poetic talent it was fashionable during his life time to eulogize. He wrote a poem on the war conducted by his father and brother in Judea. The translation of Aratus, sometimes ascribed to him, was more probably the work of Germanicus the son of Drusus.

Donato imperio. *Having given up the imperial power.* Namely, to his father Vespasian and his brother Titus. For Tacitus says that, after he became emperor, he did not hesitate to boast publicly in the senate *Et patri se et fratri imperium dedisse.* Tac. Hist. 4, 86.

Numeris. See n. on § 70.

Sic gerit. The reference is to his pretended victory over the Chatti, which Tacitus speaks of with so much contempt. See Tac. Agr. 39.

Deae. In honor of the muses Domitian instituted quinquennial contests in music, poetry, and eloquence on the Capitoline hill, over which he presided in person. Suet. Domit. 4. This festival, called the *Agon Capitolinus*, continued down to the fifth century. See Merivale, Rome und. the emp. vol. 7. p. 163.

Familiare. "Domitian affected to believe that he was the special favorite of Minerva. He founded annual contests in her honor at his Alban villa, and in these, too, he combined poetry and rhetoric with musical and gymnic exhibitions." Merivale, as above.

92. Inter victrices. The words are quoted from the Eclogue addressed to Pollio. See Virg. Ecl. 8, 13.

93. Elegia quoque. i. e. not only in epic poetry, but also in elegy.

Provocamus. See n. on *vincimur*, § 86.

Tibullus. Albius Tibullus, a Roman knight, born B. C. 59 or 54, died B. C. 18, the year after Virgil's death.

Propertium. Sextus Aurelius Propertius was a contemporary of Tibullus.

Ovidius. See n. on § 88.

Lascivior, here, as in § 88, describes a quality of the *style* of Ovid. It is deficient in nerve and masculine strength. *Durior* stands in contrast with *lascivior*.

Gallus. Cornelius Gallus was born at Forum Julii (Frejus) in Gaul about B. C. 66. He distinguished himself as a poet and orator, and also as a general under Augustus. Falling under the displeasure of the emperor he put an end to his own life in B. C. 26. Ovid, Trist. 4, 10, 5, pronounces him the first of Roman elegists. He has been adopted as the hero of Becker's 'Gallus.'

Satira nostra. "Satire both in its form and aim, as presented in Roman literature, was wholly unknown to the Greeks." Bernhardy, Gesch. der R. L. p. 494.

Lucilius. Caius Lucilius of Suessa Auruncorum, a Roman knight. B. C. 148—103.

94. Dissentio. Quintilian considers the passages in Horace Sat. 1, 4, 11 and 1, 10, 50, as conveying an unjust censure.

Horatius. Q. Horatius Flaccus, B. C. 65—8.

Persius. A. Flaccus Persius of Volaterra, a Roman knight. A. D. 34—62. His six satires are still extant.

Sunt—nominabuntur. *There are illustrious* (satirists) *not only flourishing to-day, but who will also have a name hereafter.* On the connection indicated by *que* and *et*, see Z. 338. Comp. also § 122. It is not known what contemporary poets Quintilian has in mind.

95. Alterum—mixtum. There was before the time of Lucilius a species of satire consisting of different kinds of verses. M. Terentius Varro (of Reate, B. C. 116—27) composed (*condidit*) satires, styled Menippean, in which he employed not only this variety of metres, but also a mixture of prose and verse, and that too both in Latin and Greek words. But few fragments of these are in existence. Of the other works of Varro, numbering about 500, there are now extant only the three books *de re rustica*, and some portions of the treatise *de lingua Latina.*

Prius is an adjective here: *former, earlier.* Lucilius (§ 93) is called the *first* of the satirists because he gave to this species of writing its fixed form as adopted by Horace, Persius and Juvenal, and known by distinction as 'Satire.' But Quintilian is reminded, by the mention of *Satire*, of that earlier style of composition, that mixture, or 'olla podrida,' which was originally meant by the term *satura*, or *satira.*

96. Iambus. See § 59.

Celebratus. *Cultivated* or *employed.*

Quibusdam interpositus. (Though) *intermingled by certain* (Roman poets), i. e. by certain Roman poets the Archilochian Iambus was made to alternate with other metres. For the dat. of the agent, see H. 388; A. & S. 225, II; Z. 419.

Catullo. Q. Valerius Catullus of Verona, born B. C. 87.

Bibaculo. M. Furius Bibaculus was born at Cremona B. C. 99.

Illi refers to *iambus.* Though the *epode*, or added line (i. e. here, the verse of different metre alternating with the iambus) interrupts the iambus, it does not diminish its pungency (*acerbitas*).

Caesius Bassus, to whom Persius addressed his sixth satire, perished in his villa in the eruption of Vesuvius, A. D. 79.

Viventium. Perhaps Statius is one of these; as his *Sylvae* are poems of a lyrical character.

97. Veterum. In contrast with the *later* poets, Varius and Ovid, presently mentioned.

Attius. L. Attius, or Accius, B. C. 170—84.

Pacuvius. M. Pacuvius of Brundusium, probably a nephew of Ennius. He was born B. C. 220 and died about B. C. 130.

98. Iam. Here a particle of transition.

Varii. L. Varius, one of the most cultivated men, and one of the best poets of the Augustan age. He was the intimate friend of Virgil and Horace.

Graecarum. Supply *tragoediarum.*

Viderim. See H. 501; Z. 559. The indicative is also used; as, XII, 10, 11: *in iis, quos ipsi vidimus.*

Pomponius Secundus. A distinguished poet and general in the time of Tiberius, Caligula and Claudius. He is praised highly by Pliny the elder and by Tacitus.

99. Claudicamus. See n. on *vincimur*, § 86.

Aelii Stilonis. A Roman knight who devoted his life to the study of the Roman poets, and to the training of the young men of his time in letters and eloquence. Varro and Cicero were among those on whom his instructions made a lasting impression.

Sententia. See A. & S. 249.

Caecilium. Statius Caecilius died about B. C. 168.

Terentii. P. Terentius Afer, of Carthage. B. C. 195—159.

Si—stetissent. *If they had confined themselves within the limits of trimeters.* This judgment of Quintilian would have left less liberty to Terence than was taken by Aristophanes.

100. Umbram. i. e. of the excellence of Greek comedy.

Sermo ipse Romanus. The Roman speech in its very nature is insusceptible of the peculiar charm of the Attic comedy, and, indeed, this was to be expected, since not even the Greek in any other dialect, *alio genere linguae*, is capable of it.

Togatis. Supply *fabulis.* Comedies which represented Roman life were called *togatae;* those representing Grecian manners were *palliatae.* Of the latter kind were the plays of Plautus and Terence.

Afranius. Lucius Afranius flourished B. C. 150.

101. Cesserit, verear, indignetur. See n. on § 85. See also Madvig's Gr. 330, b.

Sallustium. C. Sallustius Crispus of Amiternum, B. C. 86—34.

T. Livium. T. Livius of Patavium. B. C. 59—A. D. 17.

Candoris describes the clearness and purity of his style.

Affectus. See n. on § 48.

Commendavit magis. *Has represented more impressively.*

102. Consecutus est. Here 'has compensated for.'

Servilius Nonianus, who died A. D. 60, was distinguished as a historian and orator.

103. Quam refers to *auctoritas.*

Bassus Aufidius. An eminent historian and orator, contemporary of Servilius. Besides the history of the German war, here referred to, he wrote a more general history. Pliny the elder took up the latter at the point where Aufidius left it at his death.

In omnibus. *In all respects* or *everywhere.*

In quibusdam. *In certain* particulars. *Omnibus* and *quibusdam* are of the neuter gender.

104. Superest adhuc. What living historian is here referred to is uncertain. Tacitus can hardly be intended, as Quintilian probably wrote this before Tacitus became known as a historical writer. Some have understood the remark of Pliny the elder; others of Fabius Rusticus, whom Tacitus, in the Agricola, 10, calls *eloquentissimus recentium.*

Libertas does not here relate to the free expression of opinion on political matters or on the character and the acts of the emperors, but to boldness of manner in writing. Comp. § 94, and XII, 9, 13.

Quanquam circumcisis. See A. & S. 257, R. 9 and 10.

105. Eorum refers to the Greeks, who are implied in *Graecae* (*eloquentiae*). For the construction *ad synesin* see H. 704, 111, 3; A. & S. § 323, 3, (4.)

Quantam pugnam. Because of the hostility existing in the time of Quintilian among the schoolmen against Cicero. See Introduction, page 14.

Cum is elliptical. It is implied that this anticipated opposition to the judgment of Quintilian is uncalled for *since especially* &c.

Propositi. Partitive genitive after *id*, instead of *id propositum.*

106. Quorum etc. The following brief comparison of the two great orators is worthy of careful study.

Dividendi, praeparandi, probandi ratio. *The method of analysis, introduction,* (and of) *proof.*

Eloquendo. *Style.* Comp. § 1.

Concludit. *States a conclusion.* The reference here is to the conclusions of argumentative passages, not to the closing of an entire speech.

Frequenter et pondere. *Often also with weight.* i. e. weight in addition to keenness such as that of Demosthenes.

107. Vincimus. See n. on *vincimur* § 86.

Epilogos—abstulerit. This is true only of judicial speeches at Athens before the Areopagus, where it was unlawful to attempt any appeal to the passions. See Aristotle's *Rhetorica*, 1. Quintilian seems to regard this restriction as applying to all Athenian tribunals. Comp. VI, 1, 7, and II 16, 4.

Epistolis. The six letters erroneously ascribed to Demosthenes are on mere matters of business, and, of course, cannot be compared with the numerous and elegant letters of Cicero.

Dialogis. The works of Demosthenes are exclusively speeches. He attempted no productions, such as those of Cicero, in the form of dialogue after the plan of the Greek philosophers; so that no comparison can be made between him and Cicero in this department of letters.

109. In quoque. *In each* of them.

Pluvias etc. The words are from some poem of Pindar no longer extant.

110. Transversum. The conception is of some object lying in our way, and carried along before us by the force of our mere movement.

111. Advocati. Here used, as generally by Quintilian, in the modern sense of the word: *a pleader*. In earlier times it had been used to denote the friends summoned by a client to give him countenance and support merely by their presence in court.

Quae—posset. There is a conditional clause suppressed: *si vellet.*

112. Consecutus, ut habeatur. See H. 492, 1; A. & S. 273, n. 2; Z. 618.

Exemplum is to be taken as a predicate. For the gender of *hoc* see H. 445, 4; Z. § 372.

113. Asinio Pollione. C. Asinius Pollio, one of the most prominent statesmen of the Augustan age, distinguished as an orator, historian and poet. See Hor. O. 2, 1. B. C. 76—A. D. 4.

Saeculo prior. *A century earlier.* In the dialogue *de oratt.* the author, referring to the antiquated style of Pollio, says: *Asinius—videtur mihi inter Menenios et Appios studuisse.*

Messala. *M. Valerius Corvinus.* B. C. 64—A. D. 4.

114. C. Caesar. C. Julius Caesar, the dictator. B. C. 100—44.

Cuius proprie studiosus. Suetonius, Caes. 56, speaks of a work in two books on the Latin language, entitled *de Analogia*, written by Caesar while traveling over the Alps to join his armies in Gaul. Cicero in Brutus 253 refers to the same work in proof of Caesar's earnest study of purity in the use of Latin.

115. Caelio. M. Rufus Caelius, B. C. 82—48. Cicero says of him, Brut. 273, that as long as he adhered to good counsels he was an effective supporter of the senate; but that he finally joined the party (i. e. Caesar's) which he had formerly aimed to overthrow. **Dignus** must be understood of his talents, not of his character.

Mens melior. *A better purpose.* i. e. in political life.

Calvum. C. Licinius Calvus, a contemporary of Caelius. The remark of Cicero here mentioned is found in Brut. 283.

Calumnia here denotes a morbid habit of self-reproach or self-criticism. Comp. 3, 10.

Perdidisse seems to depend grammatically on *crederent.* But perhaps we may better supply *dicenti*, or *qui dixit*, after *Ciceroni.*

Custodita. *Cautious*, carefully studied. Thus Pliny, Ep. 9, 26, 12: *quae custoditius pressiusque dicuntur, opponuntur sublimibus et audentibus.*

Properata. *Premature.*

116. Servius Sulpicius. The most profound jurist of the age of Cicero. He was the first Roman, says Cicero, Brut. 152, who applied dialectics to the discussion of legal questions.

Cassius Severus. The most talented advocate of the latter part of the Augustan age. He was banished to the island of Seriphos, and died there A. D. 34. Tacitus (Dial. 19) describes him as an orator of remarkable gifts, and as impressing a character upon the eloquence of his day in keeping with the transformed tastes of the Romans; which he was the first to comprehend and to satisfy. *Vidit namque cum conditione temporum ac diversitate aurium, formam quoque ac speciem orationis esse mutandam.*

Colorem. See n. on § 59. Some, however, understand the word here to signify a *decent disguise*, a becoming restraint of the more violent emotions, and of all personal bitterness.

117. Ridicula. *Occasioning mirth.* Not here in a disparaging sense.

118. Longum est. H. 475, 4; A. & S. 259, R. 4, 2; Z. 520.

Viderim. See n. on § 98.

Domitius Afer, of Nemausus (Nismes) died A. D. 60. See Introduction, page 8.

Iulius Africanus, of Gaul, flourished in the reign of Nero. He is mentioned by Tacitus, Dial. 15.

Compositione. i. e. of his sentences.

Translationibus. *In tropes.*

119. Et Trachalus. *Et* here corresponds to the *et* before *Vibius.* M. Galerius Trachalus was consul with the poet Silius Italicus A. D. 68. His voice was remarkable for strength and agreeableness. Hence he appeared to greater advantage when heard, *auditus maior*, than when read.

Velle optima. *To have the best aims.* To be understood here not of conduct, but of a high standard of attainment in eloquence. Comp. n. on *meliora vellet* § 131.

Vibius Crispus flourished under Nero and Vespasian; the former of whom he served in the infamous character of *delator*, or informer.

Compositus. *Finished.* Comp. 2, 16.

Causis. Ablative.

120. Iulio Secundo. Julius Secundus, probably of Gaul, is one of the principal personages introduced by Tacitus in the "Dialogue." He is supposed to have died A. D. 88.

Id refers to the deficiency implied in *desiderari.*

Pugnans. He should be more *contentious;* direct his attention more earnestly to the controversy, and look away from the mere form of the expression (*elocutione*). See n. on *palaestrae* and *pugnae*, § 79.

121. Interceptus quoque. *Even* (though) *cut off* early.

Explicando. Not to be understood here of explaining or unfolding a question, but of the clear expression of ideas in language; a quality of style.

Quae assumpta sunt. *Which are used figuratively.*

Ex periculo. *Boldly.*

122. Sunt ingenia. The most conspicuous living orators, as we learn from the letters of the younger Pliny, and from the Dialogue of Tacitus, were Marcellus, Maternus, Mesalla. To these may be added Tacitus and Pliny themselves.

Veteribus. Dative after *aemulantur*. In § 62 *aemulari* was followed by the accusative.

Eos. Refers to *patroni*. **Ad optima tendentium.** Comp. § 119.

123. Qui ubique. Supply *excellit* or *principem locum tenet.*

Brutus. M. Junius Brutus. B. C. 85—42.

Ponderi rerum. *The dignity of the topics;* namely, of philosophy.

124. Cornelius Celsus. A voluminous writer of the age of Tiberius. He has been associated with the fathers of medicine rather than with other classes of writers, because of all his works only the treatise on medicine has been preserved.

Sextios. There were two philosophers of this name, father and son. They flourished under Caesar and Augustus. Seneca, Ep. 64, calls the father a stoic, and speaks of his writings in very high terms.

Plautus. There is some uncertainty as to the true reading here; whether *Plautus* or *Plancus*. C. Rubellius Plautus was a descendant of Augustus and philosopher of the stoic school. Having excited the jealousy of Nero, he retired to Asia Minor, where he was put to death in A. D. 62.

Catius. An Epicurean, born in Gaul; of whom Cicero speaks in a letter written in B. C. 45, as having recently died.

125. Senecam. L. Annaeus Seneca was born a short time before the Christian era and died by the command of Nero A. D. 65. See Introduction, page 15.

In omni—distuli. *I have postponed* (while writing) *on every class of composition.* In treating of the various departments of Roman authorship, I have purposely reserved my observations on Seneca for the close of the whole chapter.

Accidit. The perfect.

Dum contendo. See H. 467, 4; A. & S. 263, 4, (2); Z. § 506.

126. Tum denotes the time when Quintilian was engaged in teaching.

Illi refers to *potioribus*, *the more desirable* writers; those, namely, of the golden age.

129. Morum gratia. *On account of manners;* on account of their moral teachings.

Iudicio. *Taste;* in respect to style.

130. Aliqua, partem. *Some* of those things which Seneca so much affected in his style he should have looked upon with contempt (*contempsisset*), as being unworthy of a great thinker; a portion (*partem*) of the elements which make up his style he should not have so persistently sought after (*concupisset*).

Rerum pondera. Grave topics. Comp. § 123.

Minutissimis sententiis. Brief disjointed sentences, wearying the ear with frequent cadences. Whereas the dignity of the subject demanded a style well sustained, flowing and connected.

131. Sic quoque. *Even* being *thus;* even as he is. Comp. § 121.

Iam robustis. *By those who are already mature;* well established in the true principles of composition, and in no danger of being misled. Comp. § 57.

Utrinque. *In both ways;* i. e. both in approving and condemning.

Eligere. H. 549; A. & S. 269; Z. 597.

Curae. H. 390; A. & S. 227; Z. 422.

Meliora. Seneca's superiority of mind and character deserved a higher standard of excellence in writing.

CHAPTER II.

OF IMITATION.

1-3 Eloquence depends in great part on imitation. 4-13 Imitation alone, however, is not enough; we must strive to improve upon our models. 14-18 Even after choosing the best models, we must take care to discriminate between their real excellencies and their faults. 19-21 We must consider our individual gifts, and not attempt too much to imitate what is incompatible with them. 22-26 Every excellent quality of style becomes valueless if imitated in the wrong place. 27-28 Imitation must not be confined to words; it must be extended to everything that gives excellence to a speech.

NOTES ON CHAPTER II.

1. Tum—dirigenda. *Then the mind must be directed according to the example* (which they afford) *of all excellencies;* not only of style, but also of arrangement, adaptation to time, place, &c. See § 27.

Ad exemplum is "*according* to the example"; *in exemplum*, § 2, means "*as* an example." So *ad ea iudicium dirigatur;* VI, 5, 2. Comp. 7, 3.

2. Ductus. *Drawings* or *letter-copies*, set for children.

In exemplum. See above note on § 1.

Ad praescriptum. *According to the rule.*

3. Hoc ipsum. *This very thing;* namely, the existence of models.

Apprehenditur. *It is employed. Apprehendere* is here *aliquid in commodum convertere, to avail ourselves* of *something.*

5. Concitemur. The question of appeal usually calls for a negative answer, but sometimes, as here, for an affirmative. H. 486, II; A. & S. 260, R. 5; Z. 530.

6. Cuiusquam. Here an adjective. A. & S. § 207, R. 30, c; Z. § 137.

Beneficii alieni. Supply *quod sit.* For the genitive see H. 402, III; A. & S. 211, R. 6; Z. 426.

7. Livium Andronicum. Livius Andronicus of Tarentum, came to Rome soon after the first Punic war, about B. C. 240, and became famous as a teacher, tragic actor, and poet. His Latin translation of the Odyssey long continued to be one of the principal school books.

Pontificum annales. The chief pontiffs, or presidents of the pontifical college, kept a record of the most striking events, year by year, down to the time of Mucius Scaevola, who was Pontifex Maximus B. C. 130. Cicero says these records were called *annales Maximi.*

8. Nec—stetit. Supply *ulla ars.*

9. Illum oratorem perfectum. See § 28.

Summa. Here, *perfection.*

Contendere. *To rival.*

11. Minus. *Inferior;* not in respect to magnitude, but to the essential qualities of the objects imitated.

Alienum propositum. *Another's purpose;* i. e. the purpose of the imitator rather than that of the original writer.

12. Declamationes. Imitative speeches or pleadings in the schools as opposed to *orationes* or speeches on real cases in court.

Adde quod. See H. 554, IV; A. & S. 273, n. 8; Z. 628.

13. Aliquos certos pedes. *Some particular measures,* or *clauses. Certus* is frequently joined with *aliquis. Compositionis pedes* are the rhythmical groups or divisions of words in oratory; *compositio* being to rhetorical prose what versification is to poetry. See IX, 4, 116.

Intercidant invalescantque. *Fall out of use and come into use.* See Horace, A. P. 70 sqq: *multa renascentur quae iam cecidere, cadentque,* etc.

Eaque. For this use of the demonstrative instead of the relative see Z. § 806.

Compositio—gratissima. A well composed sentence may lose much or all of its beauty when applied to some new subject, or when it ceases to be contrasted with what comes before and after it; in other words, when taken out of its connection.

14. Quos imitemur. Dependent on *examinandum est,* to be supplied from the foregoing sentence.

15. Inter ipsos may be used instead of *inter se,* when the noun referred to is not in the nominative or accusative. A. & S. 208, (5); also

Ruddimann, vol. 2, p. 55, quoted by Bonnell. The phrase here relates to the discussions of the critics, *doctis*, among themselves. Comp. § 23.

Quam mala peius dicunt. They fall into a style still more depraved than that which they imitate.

Nec saltem sufficiat. *Nor even let it satisfy.* In post-Augustan Latin *non* and *neque* with *saltem* are equivalent to *ne—quidem.* See Freund's Lex. Comp. 7, 20.

Epicuri figuras. The allusion is to the theory of images or εἴδωλα maintained by Epicurus, and described in the fourth book of Lucretius; particularly in the passage commencing at verse 48th: *Dico igitur rerum effigias tenuesque figuras Mittier ab rebus summo de corpore earum* sqq. Also 158—9: *Perpetuo fluere, ut noscas, e corpore summo Texturas rerum tenues, tenuesque figuras.*

16. Laetis. Comp. 1, 46.

Compositis exultantes. *Bounding for measured.* We may perhaps translate the terms better by a kindred figure: *jingling for harmonious.* The following sentence from IX, 4, 66 may explain the idea contained in *exultantes: Ne brevium (syllabarum) contextu resultent, ac sonum reddant paene puerilium crepitaculorum.* Some render *exultantes, prolix.*

17. Quamlibet illud frigidum. *That something however cold.*

Sententiis. *Thoughts.*

Atticis. Supply *pares.*

Conclusionibus. *Periods.*

Aemulantur. See n. on 1, 122.

18. Se expressisse after *sibi viderentur* is an anomalous construction. See A. & S. 271, n. 1.

Esse videatur. Not used so frequently by Cicero as the remark of Afer (Dial. 18) would lead us to suppose. The puerile imitators of Cicero made the phrase ridiculous.

Primum est ut. After the analogy of *necesse est, ut.* See H. 495, 2, 1; A. & S. 262, R. 3, n. 3; Z. 623. So *rarum est ut,* 7, 24. But in § 1 we have the infinitive after *primum.*

19. Quibus—sufficiat—repugnet is an adversative relative clause. Certain qualities are in themselves susceptible of imitation, which, however, the natural deficiency or peculiarity of some individuals will not permit them to imitate. The oldest manuscripts give *inimitabilia;* but this would seem to have no connection with the question under investigation here; namely, what good qualities each individual will be capable of imitating. With *perdat* and *assequatur* supply *ne.*

Amore subtilitatis. *With the desire of a finished style.*

Mollia. *Delicate things.* Such a quality of style as is implied in the terms *tenue, subtilitatis, elegantiam.*

Dure fiunt. A manly, but violent nature, *ingenium forte, sed indomi* *tum*, will handle too harshly the sentiment and language of the gentle and winning class of eloquence.

20. Atque. *And yet;* as in 3, 22.

Libro secundo. See B. 2, c. 8.

Naturam suam fingere. *For one* (i. e. a pupil) *to train his own powers;* as contrasted with the office of the teacher, who is *alienorum ingeniorum formator*.

21. Quanquam velit. See n. on 1, 33.

Auditoribus. Here *disciples.*

Illis operibus. i. e. poetic and historical writings. Comp. 1, 31.

22. Cothurnis, socculo. The boot and slipper were respectively symbols of tragedy and comedy. Comp. Hor. A. P. 89—92.

Decor. Comp. 1, 27 and 71.

23. Tenuitas. *Delicacy.* Comp. § 19.

Asperis. Exciting causes, stirring the fiercer passions.

Cum. *Whereas.* Comp. § 13.

Inter ipsas. Comp. n. on § 15.

24. Suaserim, se addicere. For *suaserim, ut se addicat.* See H. 558, VI; A. & S. 273, 2; Z. 615.

Uni alicui. *To some one* (model).

Perfectissimus omnium. Comp. 1, 39.

Alii, ille. Supply *dixerunt, dixit.*

25. Quid tamen noceret must be taken in connection with the foregoing sentence: *Yet*, even if I could rival Cicero in every respect, *what harm would it do*, &c.

Caesaris. See 1, 114.

Caelii. See 1, 115.

Pollionis. See 1, 113.

Calvi. See 1, 115.

26. Praeter id quod etc. *Besides this, that it is the part*, &c. Comp. 1, 28.

Unum. *One only* author or orator.

Sequitur. *Attends*, is attained by. So frequently in Quintilian.

27. Idem dicam. See §§ 13, 16.

Decoris. *Propriety.* See n. on § 22.

Prooemio, narrandi, probandi, refellendi, affectibus movendis, indicate the five parts of a judicial speech: the *introduction*, the *narrative*, the *proof*, the *refutation*, and the *closing appeal.* See III, 9, 1.

Utilitatis gratia assumpta (*sit*). i. e. applause is made available for carrying the case; not sought by the advocate in order to gratify his vanity or ambition.

Arcessitur. *Is courted.*

CHAPTER III.

THE MANNER OF EXERCISING THE PEN IN COMPOSITION.

1-4 The practice of writing essential to the orator. 5-10 It should at first be slow and cautious, with much reviewing. 11-15 But self-criticism must be kept within reasonable bounds, nor suffered to become a morbid habit. 16-18 We should pursue a medium course; neither delaying too much in search of ingenious ideas, nor yet indiscriminately writing down everything which may suggest itself. 19-22 Hence the practice of dictating is to be condemned. 23-27 Solitude and silence most favorable to successful writing. 28-30 But the orator, preparing for the duties of the bar, must also accustom himself to think and write in the midst of noise and confusion. 31-33 The proper tablets for writing.

NOTES ON CHAPTER III.

1. Stilus. By metonymy for *writing*.

M. Tullius. De Orat. 1, 33: *Caput autem est—quam plurimum scribere. Stilus optimus et praestantissimus dicendi effector ac magister.*

Cui sententiae personam—assignando. The English idiom reverses the construction; thus: *by attributing this sentiment to the person*, &c.

L. Crassi. L. Licinius Crassus, the greatest of Roman orators before the age of Cicero. B. C. 140—91.

2. Profectus. *Progress* or *improvement*. Not a Ciceronian word.

Non a summo petitus. *If not sought from the surface.* Comp. 2, 15.

Hac conscientia. For *huius rei conscientia.* The consciousness of this labor bestowed upon writing. For this usage of the pronoun see Madvig, 314.

3. Sanctiore aerario. A part of the public money at Rome was reserved for great emergencies. This was *sanctius.* See Liv. 27, 10; Caes. Bel. Civ. 1, 14.

Vires faciamus. *Let us acquire strength.* This usage of *facere* is quite frequent.

Labori certaminum. The metaphor is drawn from agonistic combats.

4. Quae fecerit. *For she has made.* H. 519; A. & S. 264, 8; Z. 564.

The **quo modo** is treated of in the present and the following chapters; **quae maxime scribi oporteat** is reserved for the fifth chapter.

5. Protinus. Join with *gaudeamus*, not with the participle.

Numeri. *The composition;* rhythmical series or groups of words.

Non for *ne* in a prohibition also occurs in VII, 1, 56, and elsewhere See H. 538; A. & S. 267, R. 1, n.; Z. 529, n. and 585.

6. Scriptorum proxima. *The last of the things written.*

Quo. The ablative *in which*, not the adverb *whither*.

7. Interim tamen. *Sometimes, however.*

Dum-non. Quintilian in imitation of the poets uses *dum* and *modo* with *non* instead of *ne*. Comp. XII, 10, 48.

Nec. Frequent in Q. at the beginning and in the middle of a sentence instead of *ne—quidem*.

8. Die. For the more usual form *in die*.

Varius. See n. on 1, 98.

9. Compositio. See n. on 1, 52.

10. Ferentes. *Going freely;* bearing us along spontaneously.

Robur fecerint. See n. on. § 3.

Calumniandi. Comp. 1, 115.

11. Partibus. Dative after *insenescat*.

Velint. Supply *qui*. The construction of the relative is continued, though its case is changed to the nominative.

De ingenio suo pessime meriti. *Having treated their natural gifts most unfairly.*

Diligentiam. *Critical accuracy.*

12. In—usque. For the usual order *usque in*.

Iulium Secundum. See 1, 120.

13. In eloquentia Galliarum. Eloquence was much cultivated in the Gallic provinces under the Cæsars. Caligula established premiums at Lyons for successful competitors both in Roman and Grecian oratory.

Demum here has the sense of *only*.

Alioqui. *Moreover;* even if compared with orators in general, outside of his own country.

Inter paucos. *Like few;* to be classed *among few* as being his equals.

Propinquitate. His relationship to Secundus is meant.

Scholae operatum. *Operari* in the sense of *operam dare* takes the dative. See Forcellini's Lex. *Devoted to school*, or *to study*.

14. Tertium diem esse quod. Some copies give *quo;* but Pliny, Ep. 4, 27, 1, uses *quod* in a similar connection: *Tertius dies est quod audivi recitantem Sentium.*

Materiae. Dative, remote object of *inveniret*.

15. Si non resupini, etc. Nearly the same passage occurs in II, 11, 4.

Cogitationem murmure agitantes. Seeking to stimulate thought by talking to ourselves in a suppressed tone. So II, 11, 4: *Murmure incerto velut classico instincti.*

Personam. The character of the parties in the suit.

Humano. *Rational.*

16. Non putemus. See n. on § 5.

Immutescamus. A compound found only here and perhaps once in Statius. The usual form is *obmutescere*.

17. Diversum in Quintilian and later writers is followed by the dative;

in Cicero by *ab*. *Different to* instead of *different from* is a similar idiom often used in England.

Silvam. Cicero employs this word to denote a mass of facts and ideas thrown together.

18. Sequemur. The future as a softened imperative.

Deliciis. The employment of an amanuensis to write from dictation was a kind of luxurious self-indulgenee ; as it saved the orator the drudgery of the pen.

Pudet. Supply *nos* or *oratorem*.

19. Conscium. The *amanuensis* is a witness of any deficiency in readiness of thought and language on the part of his employer.

20. Connectendi sermonis. Not here, logical connection, but uninterrupted, unhesitating continuity of discourse.

Consequantur. *Attain.* Comp. 1, 102 ; 2, 25.

In legendo. The amanuensis is sometimes required to stop writing and to read aloud what has already been dictated.

Velut offensator. *As it were a hinderer.* The word is not found elsewhere, and some editions, therefore, substitute *offensatus*.

Conceptae mentis intentio. *Attention to the conceived thought ; Mens* here signifies the series of ideas combined in one general conception, as the line of argument to be pursued. So Virg. Aen. I, 676 : *Nostram nunc accipe mentem.* The obj. genit. is also found in § 23.

21. Obiurgare. Equivalent in this sentence to *ferire.* Bonnell quotes in illustration Seneca *de ira*, 3, 12 : *Servulum istum verberibus obiurga.*

Persius. Sat. 1, 106.

22. Ut semel dicam. Comp. 1, 17.

In hoc. For the regular form *ad hoc*, or *huic rei.*

23. Quae ipsa=*quae per se.*

25. Demosthenes. See Plutarch's life of Demosthenes, c. 7: *ἐκ τούτου καταγειον μὲν οἰκοδομῆσα μελετητήριον.*

26. Cum convertimus. *When we apply ;* meaning *inasmuch as we apply.* Other examples of *cum temporale* implying cause, and yet followed by the indicative are found. As I, 6, 2.

Cui. Scil. *labori.*

Quod somno supererit. *What shall remain after* (sufficient) *sleep.*

Haud deerit. Supply *et.* *And what shall not be needed* for sleep.

27. Occupatos. The antithesis to *vacet.*

28. Codices. For *codicilli* or *pugillaria, writing tablets.* Comp. § 32.

Deplorandus. *To be given up for lost.*

Faciendus. See n. on *faciamus*, § 3.

29. Nonnisi refecti. *Only when fresh.* See n. on 1, 20.

30. Tot—clamoribus. The nave of the Roman court house or *basilica* served as a sort of business exchange, and the galleries were thronged with spectators and idlers. The court was held in a hemicycle recessed at the end or side of the *basilica*, but still was liable to be disturbed by the confusion from without. Besides this, we learn from Quintilian, XII, 5, 6, that in the *basilica Julia*, which was the principal court house, there were usually four courts in session at the same time; and that the voice of an advocate in one of them was sometimes, as in the case of Trachalus, heard by all the others; and this so distinctly as even to withdraw their attention from their own proper cases.

Circumstantibus iudiciis. *Trials surrounding*, i. e. pressing upon the attention of the advocate.

Particulas. Brief heads, hastily noted down when there was not time for more elaborate preparation. If these, imperfect as they are, cannot be thought out except in solitude and quiet, how can connected and flowing discourse, *continua oratio*, be prepared when called for suddenly in the midst of a public assembly?

Illideret. H. 519; A. & S. 264, 8; Z. 564.

Meditans. *Practising* or *by practising.*

31. Ceris. *In* is omitted, as also in VIII, 6, 64: *ceris Platonis.*

Relatione calami. *By carrying the pen to and fro;* i. e. in supplying it with ink.

32. Relinquendae—tabellae. Blank pages should be left opposite to those we write upon. Only the alternate pages should be employed for our composition, so that there may be space for notes.

Angustiae. *The want of space.*

Ceras=*tabellas.*

33. Loci. *Subjects* or *topics.*

Interim—interim. Equivalent to *nunc—nunc.*

CHAPTER IV.

CORRECTION.

1—2 Emendation consists in adding, cutting out and changing. 3—4 There must be some reasonable limit to emendation, or the orator will never be ready for service.

NOTES ON CHAPTER IV.

1. Premere, extollere etc. are the species comprised in the general term *mutare.* **Luxuriantia** indicates an ambitious fulness of expression; **inordinata,** an incorrect arrangement of words; **soluta,** a disjointed or unrhythmical arrangement; **exultantia,** such a combination as brings too many short syllables together, or such as in any way produces an undignified, skipping or jolting movement. The latter term may here be rendered *wanton* or *capricious.* See n. on 2, 16.

3. Sunt enim, etc. Comp. 3, 11.

Cura. *By treatment.*

4. Quod accepimus, et dicunt. *As to our having learnt, and as to their saying.*

Cinnae Zmyrnam. C. Helvius Cinna, a friend of Catullus, wrote a poem, of which Smyrna or Myrrha was the heroine.

Panegyricum Isocratis. The panegyric composed by Isocrates, and named from the πανήγυρις, or great national assembly at the Olympic games, was finished in Ol. 99, 4, (B. C. 380), after ten years', or, as some say, after fifteen years' labor.

CHAPTER V.

THE MOST PROFITABLE EXERCISES FOR THE PEN.

1–3 Select Greek authors to be turned into Latin. 4–8 Choice Latin works to be paraphrased. 9–10 We should also put our own thoughts into various forms, and cultivate the power of amplifying. 11–13 To this end we should practise writing ϑέσεις or *propositions*, and *loci communes*, or *moral essays*. 14–16 We should also write *declamationes* or *imaginary pleadings*, *historical narratives*, *dialogues*, and occasionally *compositions in verse*. 17–20 But the student must also attend the courts, and write out arguments on the questions which he there hears discussed. 21–23 In writing *declamationes*, or arguments on fictitious questions, for school exhibitions, he must be made to handle his subject thoroughly, and not dwell exclusively or mostly on those points which are best fitted for display.

NOTES ON CHAPTER V.

1. Quae scribenda. See 3, 4. The *quo modo* has been handled in chapters III and IV.

Exuberantis. *Superfluous.* The true reading here is doubtful.

Quae prima etc. The *order* in which different forms of composition should be taken up, whether *narratives*, *discussions*, *eulogies*, &c., according to the age and proficiency of the student, has already been treated of in the first part of the 'Institutions.' The question now to be considered is, what to make use of as the basis of practice for the attainment of power and fluency in writing.

Robustorum. See n. on 1, 131. *Robustiorum* is a reading not so well authorized by the manuscripts.

De quo—agitur. For *id, de quo agitur*, in which *id* refers to the interrogative clause *unde—veniat;* the latter depending on *explicandum est*, suggested by the foregoing *explicemus.*

2. L. Crassus. Cic. de orat. 1, 34, 155.

Cicero praecipit. In his account of his own education, Brut. 310, Cicero says he exercised himself in Greek declamation in order to acquire the habit of expressing himself with like propriety in Latin; also in the beginning of *de Officiis* and *de Finibus* he speaks of the advantage of studying Greek in connection with Latin; but in no existing passage of his writings is the exercise of *translation* expressly enjoined. See Cic. *de Off.* 1, and *de Fin.* 2 sq. Thus we have his example, but no precept.

Platonis—Xenophontis. Cicero translated the Protagoras and Timaeus of Plato. A fragment of the latter is still preserved. His translation of the Oeconomics of Xenophon is not extant.

Messalae. See 1, 113.

Illa Hyperidis—subtilitate. *In simplicity with that* (discourse) *of Hyperides in defense of Phryne.* Comp. 1, 77. Hyperides delivered a speech in defense of Phryne, an Athenian courtezan, charged with impiety.

3. Verbis optimis. When translating from a foreign language, we can choose without restriction the best words of our own; whereas in writing paraphrases of the works of our own authors (*conversio ex nostris*) we should not feel at liberty to use the terms already employed by our model, and thus we should often be confined to expressions inferior to his.

Figuras. Figures of words as well as grammatical figures are here meant. The Greek and Latin languages present a wide difference in these.

4. Ex Latinis conversio. For the construction see Z. 681. The words signify the paraphrasing of Latin writers in their own tongue. The pupil borrows their ideas, but clothes them in new words.

Multum et. *Et* stands after *multum* also in 1, 94.

Sulpicius. See 1, 116.

Praesumunt. *Preclude;* literally *take before.*

Proprie. *Literally*, or *directly*, as opposed to the imaginative and more figurative style which is characteristic of poetry.

Sententiis. Here, *fancies.*

5. Paraphrasim is the subject of *esse.*

Optimis refers to words and forms of expression.

6. Circa voces easdem. *In connection with the same words;* in uttering the same passages of discourse.

Esto—esse. Horace, Ep. I, 1, 81, uses the infinitive in like manner as the subject of *esto: Esto, alios teneri.* Usually, however, the indicative follows. As Aen. IV, 35: *Esto, nulli mariti flexere.*

7. Continuas sententias. *Successive sentences* or *periods.*

Fas erat. *It would have been right.* H. 475, 4; A. & S. 259, R. 3; Z. 518.

8. Translatis. *Metaphors.*

Oratio recta. Not here in the technical sense; but simple or natural language as opposed to figurative.

Figura declinata. An indirect or artificial form; a rhetorical turn or figure.

Sic. i. e. by this effort to reproduce their ideas in our own words.

9. Sententias. *Thoughts.*

10. Illa—diversitate. The variety of circumstances connected with many legal cases so easily suggests to the advocate topics of remark, that poverty of invention may be readily concealed. · Observe the contrasted words *simplicissima* and *multiplici.*

11. Expositis. *Common things.*

In hoc—facient. *Will serve best for this end.* We find the same usage of *in hoc* in Hor. Epode 17, 63.

Infinitae questiones. Quint. III, 5, 5, defines such questions thus: Unlimited questions are those which set aside all circumstances of person, time, place and the like, and are treated both affirmatively and negatively. "The Greeks," says he, "call such questions *θέσεις*, Cicero, *propositions.* Some term them *quaestiones universales civiles ;* Athenaeus, *partem causae.* Cicero divides them into two classes: those of *theory* (*scientia*) and those of *action*, (i. e. the *speculative* and the *practical*). Of the first class the following is an example: *An providentia mundus regatur?* Of the second: *An accedendum ad rempublicam administrandam?*"

Iam princeps. In the year B. C. 49, at the breaking out of the civil war, Cicero writes to Atticus: *Ne me totum aegritudini dedam, sumpsi mihi quasdam tanquam θέσεις.* And again: *θέσεις meas commentari non desino.* Ad. Att. 9, 4. Gesner remarks that the *paradoxa*, also written by Cicero after he had held the highest offices of the state, *jam princeps*, were discussions of the same nature as the *thesis.*

Exerceri. In the sense of a middle voice: *to exercise himself.*

12. Destructio—sententiarum. *The disproving and sustaining of* (judicial) *opinions.*

Nam cum sit sententia etc. For as a judicial opinion is a kind of judgment and maxim, or, a decision containing a maxim, that is, since it is of the nature of a general proposition, that which can be argued on the specific matter (*re*) to which the judgment relates, can be argued on the judgment itself as a general proposition.

Loci communes. Passages which dwell on moral sentiments. For instance, invectives against treason, impiety, or ingratitude, without specifying persons. After *loci* in this sentence supply *in hoc facient.*

Ab oratoribus. As, for example, Cicero and Hortensius.

Plures excursus recipientibus. Those cases which admit of more digressions or departures from the strict line of argument; such as involve many circumstances of place, time and person, as mentioned in § 10.

13. Omnes (*causae*). All specific or actual cases brought into court.

Cornelius. C. Cornelius, quaestor under Pompey, and tribune of the commons in B. C. 67. He brought forward a bill, (*codicem, rogationem*), which provided that no person should be exempt from the operation of any law except by vote of the people. This was intended to put an end to the power exercised by the senate of exempting individuals in certain cases from particular legal obligations. Cornelius was opposed by one of his colleagues, Servilius Globulus, who forbade the clerk to read the bill before the assembly. Hereupon Cornelius himself read the bill. At the expiration of his office he was arraigned on the charge of violating the right of intercession, (*tribunicia intercessio*) and was successfully defended by Cicero.

Cato—Hortensio. Marcia, the wife of Cato, lived with Hortensius from B. C. 56 until the time of his death in B. C. 50, and then returned to her husband. Cato had consented to this transfer on the request of Hortensius.

14. Declamationes here are mentioned as exercises for the pen. See n. on 2, 12.

Pariter exercent. Invention and arrangement *equally* with language.

15. Ciborum—certa necessitate. *The fixed regimen of food;* a phrase corresponding to the Greek term *ἀναγκοφαγία.*

16. Articulus. As opposed to *articulus durescat* we have in II, 12, 2, *mollis articulus;* said of the gladiator handling his sword with flexible fingers; where the expression is used in its literal signification. In XI, 1, 70, it occurs in a figurative sense: *Quam molli articulo* (Cicero) *tractavit Catonem.*

17. Excitatos. This reading which is found in the oldest manuscripts, is preferred by Bonnell to *exercitatos*, given in other editions.

Sagina dicendi. *Rich nourishment of eloquence.* The same as the *iucundiora edulia* in § 15.

Ab illa umbra. *After that shade.* *Ab* is used in this sense by Livy and the poets as well as by Quintilian. *Umbra* is frequently employed by Cicero to denote the quiet seclusion of the school as opposed to the turmoil of the *forum.* See Brut. 9, 37.

18. Porcio Latroni. M. Porcius Latro, a Spaniard by birth, and friend of the elder Seneca, lived in the reign of Augustus. His school for the study of declamation, in which he taught chiefly by his own examples, was widely known, and much frequented.

Professor in the present signification of the word came into vogue in the silver age.

Opinionem. In the sense of *existimationem.*

Impense. In its figurative sense: *very earnestly.*

19. Fuerit consecutus. The construction of the relative pronoun *qui* is continued by *quoque: and who also has attained* &c.

Quod apud maiores etc. The custom is well described in Tacit. Dial. 34.

20. Et ipse. *Himself also*, as well as the advocate he has been listening to.

Utrinque. *On both sides; pro* and *contra.*

Decretoriis. *With decisive* (or *real*) weapons. The contrary expression would be *arma lusoria.* Spalding compares Suet. Calig. 54: *Battuebat pugnatoriis* (i. e. *decretoriis*) *armis.*

Brutum—pro Milone. See 1, 23.

Cestius. L. Pius, a native of Smyrna, who taught declamation at Rome a few years before the death of Augustus. One of his favorite exercises was the writing of arguments in reply (*rescribere*) to the speeches of Cicero.

21. Nunc. *Now a-days;* according to the present practice.

Quod secundo loco posui. That is *per totas ire materias*, the second of the two directions just given.

Classium. Not Ciceronian in this sense.

Certis diebis. The necessity of declaiming in large classes on *stated days* limited each student to a small amount of time; so that he could treat no subject elaborately, even if there were time for preparation.

Patrum. In book 2, ch. 7, Quintilian speaks of fathers judging of the progress of their sons by the frequency of their declamations.

22. Primo libro. See I, 2, 15.

Longiore—spatio. By allowing a longer time for preparation; *a longer interval of days;* that is a greater interval between the *certos dies*, or stated declamation days, above mentioned.

Materias dividere. He will secure the thorough treatment of questions (*ire per totas materias*, § 21,) by allowing them to be handled in parts on different days. **Una.** Supply *materia.*

23. Quod refers to *plures inchoatae et degustatae.*

Priora confundant. They confuse the discussion of topics which properly come first in the question by anticipating things which belong to the latter part. This arises from their anxiety to crowd into the limited time allotted to one declamation all the fine things they have thought of as connected with the whole subject.

CHAPTER VI.

PREMEDITATION.

1–2 Premeditation occupies the middle ground between writing and pure extemporizing. 3–4 By the aid of memory premeditation can be cultivated to such a degree that an entire discourse may be prepared without the use of the pen. 5–7 The orator must not so scrupulously adhere to what he has premeditated as to exclude every new idea suggested during the actual delivery of the speech.

NOTES ON CHAPTER VI.

1. Et ipsa. *Likewise.* Premeditation itself also, as well as elocution (see ch. 3,) is aided by the pen.

Extemporalem fortunam. Comp. §§ 5, 6; and ch. 7, § 18.

Usus frequentissimi. Genitive of quality.

Inter—actus. In the intervals of judicial proceedings.

2. Intra se. *By itself;* without recourse to writing.

Praeter manum. i. e. *praeter stilum.*

Scribendi. Genitive of cause. Writing furnishes a sure means of recalling our ideas. Hence, when we have this security, our arguments are not fastened (*inhaerent*) carefully in the memory, but rather are *loosened* (*laxantur*); the mind making no effort to retain what can be at any moment recalled by a glance at the paper.

3. Reddi. *To be uttered.*

Vis. *Power.* That is, power of mind sufficient to grasp and hold an entire speech in premeditation alone, and without the help of the pen.

Illum locum. The subject of memory is treated of in bk. II, ch. 2.

4. Pervenit. Supply *vis.*

Cui—ingenium. *Whom his own nature,* (his want of attention and memory) *does not hinder.*

Ei—fidem servent. Those things which he has premeditated keep their faith with him; do not fail to recur to his mind.

Cicero—tradidit. The passage relating to Empylus is no longer extant. The remark about Metrodorus of Scepsis is in de orat. 2, 88; Hortensius, in Brut. 88.

5. Extemporalis color. The tone imparted to a speech by *unprepared* ideas and expressions struck off in the inspiration of the moment. Comp. 7, 7.

Habent. Supply *cogitata, premeditated things.*

Curae. *Careful accuracy;* i. e. in their preparation.

Etiam scriptis—inserantur. Even in *written* speeches, which are usually more exact than those which are only premeditated, new ideas are often introduced at the time of delivery.

6. Domo afferre. *To bring from home.* Comp. 7, 30.

Refutare. In the sense of *repudiare, reject* or *despise;* not so used elsewhere by Quintilian, though often by Cicero.

Non—sinant. After the first *non* supply "*id fiet ut illa quae complexi animo sumus.*"

Providere. In its literal signification, *to look forward,* as opposed to *respicientes.*

Una spe. *With the one hope;* with no other thought than.

7. Quaeritur retrorsus. The going back to find something left behind; the recalling of our premeditated ideas.

Utrumque. *Both things* or plans; i. e. on the one hand, absolute dependence on premeditation, and, on the other, actually unprepared speech.

CHAPTER VII.

EXTEMPORARY SPEAKING.

1–4 No one should take up the profession of the advocate without acquiring the ability to speak well on the spur of the moment. 5–7 Conditions of success. First, Method, or the habit of following some fixed order of topics. 7–14 Second, Facility of language, cultivated and kept up by constant practice; so that the orator shall be in no danger of stumbling even when his mind is rather on what is coming than what he is now saying. 15–17 Third, A lively imagination, feelings deeply interested in the cause, and stimulated by every external incitement. 18–19 Fourth, Patience to be content with small beginnings, and to look for ultimate success through persevering practice. 20–23 Fifth, A rapid glance at the points of the discourse just before rising to speak. 24–29 Sixth, The exercise of extemporary speaking never remitted, and continually associated with that of writing. 30–33 Seventh, The proper use of outlines and skeletons.

NOTES ON CHAPTER VII.

1. Officiis. Dative after *renunciabit.* See A. & S. 223, R. 2, b.

In publicum. *In commune; for the benefit of all.*

Intrare depends on *convenit.* The comparison intended seems to be this: he who assumes to himself the profession of the advocate, without the extemporary talent necessary to meet sudden emergencies in debate, is committing a wrong as great as a pilot who should undertake in stormy weather to conduct a ship into a harbor, approached only by a dangerous channel, without any previous knowledge of its rocks, shoals, and windings. The text of this passage is exceedingly doubtful.

2. Repraesentatis iudiciis. *Trials being suddenly appointed;* brought on without notice, and time for preparation.

Continuo. Join with *agendi.*

Petentibus, perituris. Supply *iis* referring to *amicorum ac propinquorum.* These words are taken by some in the ablative absolute, though Bonnell construes them in the dative.

Latus. *The lungs,* or *the chest;* on which the strength of the voice depends.

3. Quae oratio: *What speech;* or, what legal debate. *Oratio* is here personified, as elsewhere in Quintilian, and sometimes in Cicero.

Quisquam. Adjectively, as in 2, 6.

Varietatem. *The changing aspect.*

4. Cui refers to *eius* understood in the foregoing clause.

Malit, possit. Supply *orator.*

5. Via. *Order,* or *method.*

Non contingere potest cursus. Freely translated: *we cannot run;* literally: *a running cannot happen.*

Quae is not interrogative. The sense is: "the parts which pertain to judicial causes." These parts or general divisions, namely, the *introduction*, *narrative*, *proof*, &c., are established, and can be easily kept in memory. But *quid* quoque loco *primum sit* etc., is a question in every case to be determined by the judgment of the speaker. Before the dependent question *quid sit* supply *quaerendum est.*

6. Ante omnia, instead of *primum*, denotes the first statement; the second being introduced by *deinde*, and the last by *postremo.*

Ex diversis. *Out of*, or *with*, *incongruities;* ideas caught at random, as they happen to strike the mind in its haste and confusion.

7. Expletis—proposuerint. *All propositions which they have stated being fully argued*, or *filled out.*

Haec refers to what has just been said; **illa** to the following statement: *ut* etc.

Quemadmodum preceptum est. Namely in the first part of this book.

Formetur. Supply *ut*.

Colorem. Comp. 6, 5.

8. Os concurrit. *The mouth comes together; is shut up.*

9. Ratio. *System.*

Adhibita—observatione. Comp. 1, 17.

10. Praecedat intentio. The attention must be fixed on things far in advance of that which we are actually saying at any given moment.

Prae se res agat. It must be mentally chasing, as it were, that which is presently to be used.

Prorogetur. A metaphor derived from monetary transactions. Our minds, while we are speaking, are to be calling forth, or "drawing" continually from our reserved funds, that is, from the remaining or *ultimate* part of our arguments, just so much as we are momentarily expending in utterance.

11. Igitur. Because, namely, of the impossibility of directing the thoughts deliberately to so many things at once.

Ἄλογον τριβήν. *Unreasoning*, or *mechanical habit.*

Flexus et transitus describe the operation of the eyes in reading.

Pilariorum ac ventilatorum. *Ball throwers and jugglers.* These genitives depend not on *miracula*, but on *scenis*, *shows.*

12. Ita—si. In a limiting sense: *only so far as.*

In ratione versetur. *May be associated with method;* based upon method, though mechanical through habit.

13. Sermonis contextum. *The continuity of speech.*

Cum eo quod. This elliptical phrase occurs in Quintilian II, 4, 30, and XII, 10, 47, as well as in other writers of the silver age. The sense is: *Besides this* it must be added *that;* or, here: *With this* I shall not be surprised *that.*

Tulit. The perfect here is used, like the Greek aorist, to denote a repeated action. So § 14, *accessit*, *restitit;* and 3, 6, *refrixit.*

Ut—possit. "*Ut successus orationis extemporalis vincat successum curae et meditationis.*"—Spald.

Cura. *Study*, or *premeditation.*

14. Ut Cicero. The passage in Cicero is not extant.

Bene concepti affectus. *Well wrought*, or *deeply felt emotions.* These depend on a vivid imagination.

Infelix cavillatio. The morbid self-criticism spoken of in 1, 115, and 3, 10.

Ferri contorta vis orationis. The metaphor is drawn from the hurling of missile weapons. Cicero uses the same figure in Or. 20, 66: *Haec* contorta *et acris oratio;* and 70, 234: *Demosthenes, cuius non tam vibrarent fulmina, nisi numeris* contorta *ferrentur.* We may translate freely: *the bolt of eloquence cannot be hurled.*

Non continua sed composita. *The language does not flow on but is put together.* It has not the character of spontaneous eloquence, but that of studied composition. Supply *oratio.* Comp. § 26, and 1, 29.

15. Quare. Because, namely, of the power of *recentes imagines*, just spoken of.

Capiendae. *To be caught*, or fully apprehended.

De quibus dixi. As, for example, in VIII, 3, 64, where he says that Cicero has his imagination so impressed with the appearance of Verres on a certain occasion, and so describes it, that the hearer *non solum ipsum os intueri videatur, et habitum, sed quaedam etiam ex iis, quae dicta non sunt, sibi ipse adstruat.*

Quas—indicavimus. VI, 2, 29: *Quas φαντασίας Graeci vocant, nos sane visiones appellamus* ——— *has quisquis bene conceperit, is erit in affectibus potentissimus.*

Pectus et vis mentis. *Passion, and force of imagination.* The order of the ideas is the same as in § 14, *affectus, imagines.*

16. Tum introduces the *second* help pointed out in this paragraph. The first was *imagines* etc. The third is *etiam pudor* etc.

Pudor. Dreaded shame, the fear of failure, is an incentive.

Concentu signorum. *By the sounding of the* (trumpet) *signals.* The reading *congestu signorum* has not so good manuscript authority.

17. Difficiliorem. *Too much laboring;* thought that usually moves, or works itself out, too slowly.

Exprimit et expellit. *Developes and hurries forth;* i. e. in utterance. *Expellit* is used here in a sense analogous to that of *expulsuri* in 3, 6.

Secundus impetus. The successful impulses occasioned by *necessitas dicendi.*

Pretium. Here for *praemium*, which some editions substitute.

Opinionis. See n. on 5, 18.

18. Praecipimus. See 6, 3.

Summam. Substantively: *perfection.*

19. Debet. Supply *illa*, or *extemporalis facilitas.* Others, however, understand *orator*, as in § 25.

Cum. The connection intended seems to be this: we should aim to make extemporary discourse not less perfect, at least, than that which is premeditated. And this is entirely possible, *since*, &c.

Prosa, carmine. Cicero would have said *in prosa, in carmine.*

Antipater of Sidon flourished about B. C. 110. Cicero speaks of his talent for improvisation in *de Orat.* 3, 50.

Licinius Archias. See *or. pro Archia*, 8, 18.

Non quia. "I could have mentioned some of our contemporaries, but I prefer to take the authority of Cicero, whom no one will fail to believe." Gesner; quoted by *Spald.*

Ipsum. *In itself considered.*

Hanc spem. For *huius rei spem.* Comp. 3, 2, and note.

20. Esse debet fiducia. The true reading here is very uncertain. *Debet* is expressed in Bonnell's Teubner edition, and omitted in his Weidmann edition. In *Spald's* text it stands: *esse fiduciam velim.*

21. Controversia. A fictitious question argued in the school, as contrasted with *causa*, a real case.

Frivolum. Not a Ciceronian word.

Scenicum. Because an actor is prompted in this way.

Petant. Supply *ut* from the foregoing clause.

Eruditis. Dative of the agent. See n. on 1, 96.

22. Oratio suspensa ac dubitans. *Speech thoughtful and deliberating.* Supply *moras habet.*

Haesitare, *to halt*, from confusion, is more disgraceful than *deliberare*, *to ponder* a moment what ideas and language to choose.

23. Hoc. Supply *faciendum est.* Such an ellipsis is not unfrequent in Quintilian.

Id potius. Supply *est.* Comp. VIII, 6, 25; IX, 4, 57.

24. Ars—continetur. The gradation of thought is this: *Art* (or scientific system) once understood remains fixed in the mind; even the *pen* loses but little by the remission of practice. But *extemporary eloquence*, the very essence of which is readiness, can be kept up only by incessant exercise.

Hac. Supply *facultate.*

Rarum est, ut. See n. on 2, 18.

25. Dicat. Supply *orator.*

In parte. Here, *in one respect.*

26. Diligentius—componitur. *It* (namely, discourse thus premeditated) *is more accurately put together.* The grammatical subject is *exercitatio;* but the verb is chosen with reference to the speech itself, or the train of thought, on which the mind is exercised. Hence *oratio* may be considered the virtual subject.

Illa. That *ex tempore* speaking, either alone or in the presence ol others, in which we are ashamed to stop in order to think of the mos appropriate ideas and words.

Contextum dicendi. See n. on § 13.

In alia. The accusative *alia* is explained by *firmitatem*, etc., which are in the same construction. The dative or the accusative with *ad* is more usual after *conferre* in the sense of *contribute*, or *to be advantageous.* See 1, 1, 63, 71, 95. This sense of the verb is not found in Cicero.

Oris facilitatem. Comp. *os concurrit*, § 8. Also XI, 3, 54.

Ut dixi. See 3, 21.

27. Lucrativae. The earlier manuscripts give this word; but it is found only in Latin of a later period, and is, therefore, questionable here. The passage referred to in Cicero is quoted only in substance. Perhaps Quintilian has in mind the remark addressed to Brutus in the *Orator*, 10, 34: *Iam quantum illud est, quod in maximis occupationibus nunquam dimittis studia doctrinae; semper aut ipse scribis aliquid, aut me vocas ad scribendum.*

C. Carbo was consul B. C. 120, and the year afterwards was driven to suicide by the prosecution successfully conducted against him by the young orator Crassus. Cicero commends his eloquence and his industry in the *Brutus* 27, 103 and 105. Cicero also says that L. Gellius spoke of himself as having been a *tent-companion* of Carbo. Nothing, however, is known of any military campaign carried on by Carbo.

28. Ciceroni. The remark referred to is not extant.

Pondus. Writing leads us to criticise the words we use, and thus secures to our expression more of significance and substance.

Innatans. Here *superficial.*

In altum reducetur. Freely rendered, *will be brought to depth* of significance.

Proximas radices. *The topmost roots.*

29. Exclusi. i. e. *ii qui sunt exclusi.*

30. Domo afferunt. Comp. 6, 6.

Commentariis. *Note-books*, *memoranda*, or *skeletons.* Quintilian alsc mentions Cicero's outline speeches in IV, 1, 69. None of them have been preserved.

Feruntur et inventi forte. *Are mentioned, and have been brought to light perchance.*

Ut. *Just as;* referring to the form or condition in which they have been found.

Eos. Object of *composuerat.*

Causarum. Supply *commentarii.*

Sulpicius. See 1, 116.

Hi. *These* commentaries, as distinguished from the three *orationes* mentioned.

Ipso refers to Sulpicius.

31. Ciceronis. Supply *commentarios.*

Non ideo (*excuso*) **quia-non probem.** H. 520, 3; A. & S. 262, R. 9; Z. 537. *Quia* instead of *quod* in this idiom belongs to the later prose writers.

Recipio. *I allow.*

32. Laenas. Popilius Laenas is mentioned in III, 1, 21, as a contemporary of Cornelius Celsus. See X, 1, 24.

Vel in his—conferre. The genuine text here cannot be determined. The passage according to our reading may be thus interpreted: Laenas teaches us even in our written speeches to gather the principal arguments (*summas*) into a memorandum and heads. Instead of *in his*, limiting *summas conferre*, we might have *eorum*, limiting *summas.*

Quod non persecuturi. *Non* is omitted by Spalding and others.

Id quoque accidit etc. What is remarked here of the importance of memory in connection with *written discourses*, is parallel to what is said on memory as connected with *premeditation*, 6, 6.

33. De memoria. See n. on 6, 3.

BOOK TWELFTH.

THE GENERAL CULTURE OF THE ORATOR, AND THE CHARACTER OF HIS PROFESSIONAL LIFE.

The book is divided into eleven chapters, introduced by a *prooemium*, or introduction, containing observations on the importance of the subject now to be considered. Chapter first discusses the proposition that none but the good man can be a true orator. Chapter second treats of things which are necessary to the formation of the morals of the orator. Chapter third, of the importance of studying civil law. Chapter fourth, of history. Chapter fifth, of desirable qualities of mind and person. Chapter sixth, of the proper time of entering his profession. Chapter seventh, of the principles which shall guide him in receiving or rejecting causes. Chapter eighth, of the proper mode of investigating causes. Chapter ninth, of what should be his aim in pleading. Chapter tenth, of his style of oratory. Chapter eleventh, of his pursuits after retiring from professional life.

Notes on the Prooemium.

1. **Ferens.** *While* (actually) *bearing it;* as opposed to *opinione*, the anticipation of it.

2. **A parvis.** *With small things;* referring to the precepts on elementary training given in the first part of the 'Institutions.'

Dum praecipimus. For *dum* with the present tense, see H. 467, 4; A. & S. 259, R. 1, (a); and also n. on 10, 1, 125. This sentence refers to that part of the work which treats of invention and arrangement.

Nec adhuc—et multos. *Nec* and *et* are correlative as below in § 4, and equivalent to *et non—et.*

3. **Iam—ingressi sumus** refers to the eighth and the three following books.

4. **Caelum undique** etc. Aen. 3, 193.

M. Tullium. Orator 52: *Id mihi quaerere videbare*, quod genus ipsius orationis optimum *judicarem.* Accordingly, Cicero aims in the *orator* only to delineate the characteristic features of a perfect style. Of the other topics which Quintilian now proposes to discuss, Cicero has little to say.

Antecedentem. i. e. M. Tullium.

Consequi here=*sequi.*

CHAPTER I.

NONE BUT THE GOOD MAN CAN BE A PERFECT ORATOR.

1–3 The bad man cannot be a true orator because he is deficient in wisdom; 4–7 because his mind distracted and hindered by low passions, is incapable of the noble motives and singleness of purpose which produce real eloquence; 8–10 because vice renders him incapable of labor; while he has no appreciation of the principles of truth and justice which it is the business of eloquence to maintain; 11–13 because he cannot inspire his hearers with confidence, and weakens even a good cause by his bad reputation. 14–22 Reply to the allegation that Demosthenes and Cicero were not thoroughly good men. 23–32 Command of speech unattended by moral worth fails to influence men; therefore is not true eloquence. 33–35 Wrong principles must be discussed by the rhetorician that the student may be prepared to encounter them. 36–45 Likewise it sometimes happens that even good men are led by necessity to argue against the truth and to defend an apparent wrong.

Notes on Chapter I.

1. Finitur. *Finire* and *finitio* are used frequently for *definire* and *definitio.*

Id quod refers to the following *utique vir bonus (sit).*

4. Sapientibus. See H. 388, 3; A. & S. 225, II; Z. 419. This was the sentiment of the whole Socratic school.

Studio. In the dative after *vacare.*

5. Curis. Ablative after *vacare.*

6. Huic rei perit. *Is lost to this study;* i. e. eloquence.

Visa. To be construed as an accusative according to some. Capperone makes it a nominative.

9. Ut—eximam. *To withdraw the strongest argument in the question;* i. e. the impossibility of a clear understanding (*intelligentiae*), and of earnestness (*studii*) and learning (*doctrinae*) in a bad man.

Demus. *Let us concede.*

10. More Socraticorum. The Socratic philosophers were accused of fashioning the supposed objections of opponents in such a manner as to make the answer easy for themselves.

12. Ut mox docebimus. See § 33 sqq.

Opinionis. *Reputation.*

13. In vita. The reference is to their unprincipled and reckless course of living.

14. Responsi invidia. The *reproach* which Quintilian anticipates in consequence of his reply, that even Demosthenes and Cicero left something in eloquence still unattained.

16. In ulla parte. *In any respect.*

Provincia administrata. Cicero's administration of the provincial government of Ciclicia (B. C. 51) was distinguished for probity.

Repudiatus vigintiviratus. Caesar's agrarian law (B. C. 59) provided that *twenty* commissioners should be appointed to superintend the distribution of Campanian lands contemplated in the law. Cicero was invited to become one of these *vigintiviri*, a responsible and lucrative office; but he steadfastly refused. See Ep. ad Att. 9, 2.

Optimis partibus. *Optimi* and *optimae partes*, were the somewhat arrogant terms often employed to distinguish the party of the Senate, or adherents of Pompey, from the friends of Caesar.

17. Non se timidum etc. The words cannot be found in the extant works of Cicero.

19. Quorum. *Of which* attributes.

Proprie. *Strictly.*

Et ille quaerebat. Namely, in the *orator*, 5, 19.

Quaerere here signifies *seeking in vain.*

20. Quid adici potuerit. Comp. X, 1, 106.

Fortasse inventurus. *Though perhaps I may find.* For this concise use of the future participle, see H. 578; A. & S. 274, R. 6, b; Z. 639, note.

Adhuc abscissurum. *He would have still pruned off.* Supply *ipsum.* We may suppose that if Cicero had lived longer, he would have still further pruned down his style, just as he had already chastened somewhat the exuberance of his earlier eloquence. See Brut. 91, and Orat. 107 sq. Comp. also 6, 4.

Securiore. More undisturbed by public cares.

Maligne. *Unjustly.*

Summam. See n. on X, 7, 18.

21. Et licebat, si aliter sentirem etc. There is some difference of opinion as to the interpretation of this passage. Perhaps it may be paraphrased thus: I have said that Cicero, humanly speaking, was a perfect orator; and that no one has come nearer to absolute perfection. But even if I thought otherwise, even if I thought him still less perfect, I should be at liberty (*licebat*), and I should have no fear, to say this (*id defendere*) more boldly than what I have already said. For I have the example of Antony asserting that he had not seen even an *eloquent* man; which was saying so much less (*quod tanto minus erat*) of all human oratory than I claim for Cicero. Thus my language is much less severe than Antony's. Cicero himself also declares, like Antony, that he seeks in vain for his ideal among actual orators. May I not, then, venture to affirm that there is something in this field still unachieved, and that even Cicero came short of absolute perfection?

22. Dormitare. See X, 1, 24, and note.

Calvo. See X, 1, 115.

Apud ipsum. *In his own works.* Cicero says of Brutus, Ep. ad Att.

14, 20: *Cum—scripsissem ad eum de optimo genere dicendi* (i. e. the *orator*) *non modo mihi sed etiam tibi scripsit, sibi illud, quod mihi placeret, non probari.* The allusion is to the last part of the *orator*, which is devoted to the subject of oratorical rhythm, here termed *compositio.*

Asinio utrique. The father and son. The former has been mentioned in X, 1, 113. The son lived under Augustus and Tiberius, and was put to death by the latter. He wrote a critical review of the eloquence of his father, comparing it with that of Cicero, and giving it the preference.

25. Ut asperioribus parcamus. *Rabula* would have been such a term.

26. In hoc quota pars etc. Supply *laudis.* In this good and great orator how small a part of his praise will it be that, &c.

31. Iuventus. Supply *tendat.*

In hoc elaboremus. The ablative is more frequent than the accusative after this verb.

32. Ad quem usque modum. *So far as.*

Hoc. *This sentiment;* explained by the following infinitive.

33. De confessione. Quintilian has spoken (as in IV, 2, 68) of the *admission* of guilt as sometimes the wisest course; the defence resting in such cases upon mitigating or justifying circumstances, or upon informalities in the legal process.

34. Quibus. Dative after *satisfaciam.*

Opere refers to Quintilian's office or work as a teacher, in which he must necessarily discuss this subject.

35. In utramque partem. *On both sides;* here, of a moral question.

Carneades, the chief of the Academic school, was sent by the Athenians, B. C. 155, as an ambassador to the Roman senate, accompanied by Diogenes, the Stoic, and Critolaus the Peripatetic. It was on this occasion that his discourses, the one in defence of justice, and the other overthrowing it, so offended Cato, that he caused a decree to be enacted by the senate requiring the philosophers to depart from Rome.

36. Auferre iudici veritatem. This blinding of the judge is also spoken of in IV, 5, 6.

Gravissimos (*esse*) **magistros.** Such as Panaetius. See Cic. de off. 2, 14: *Nec—est habendum religioni, nocentem aliquando, modo ne nefarium impiumque, defendere—quod scribere non auderem, nisi idem placeret gravissimo Stoicorum Panaetio.* Comp. Quint. IV, 17, 26, sqq.

38. Ut mendacium dicat. II, 17, 27: *Nam et mendacium dicere etiam sapienti aliquando concessum est.*

Facturi. See above n. on § 20.

Nedum. Supply *ut sit vetitum mentiri.*

40. Nec hoc dico etc. The meaning seems to be this: Nor do I say this as if I would in all cases justify on the ground of piety the act of defending a father, brother, or friend when really guilty and placed on trial; since I am in favor of the strict application of the laws. Yet there may well arise in some such cases a doubt as to the path of duty. But let us take an example in which there shall be no room for such a doubt on the ground of natural affection; the case of a patriot who has slain a tyrant. The clause *Quia—leges* may be regarded as parenthetical.

Is qui finitur. Comp. § 1.

42. Ad hoc=*praeterea.*

Posse. Supply *eos.*

43. Fabricius, Rufinum. Fabricius and Rufinus were distinguished in the Roman war with Pyrrhus.

45. Probatione. Join with *difficilia,* not with *tractentur: difficult in respect to their proof.*

CHAPTER II.

THE MORALS OF THE ORATOR.

1-2 Morals must be formed by training. 3 Virtue not dependent upon nature alone, but also upon culture. 4-10 Philosophy must be studied. 11-14 Dialectic or logical. 15-19 Ethical or moral. 20-23 Physical or natural. 24-31 The orator should not be a disciple of any one school, but adopt what is best in each.

NOTES ON CHAPTER II.

1. Virtus—doctrina. Hor. O. 4, 4, 33:

Doctrina sed vim promovet insitam,
Rectique cultus pectora roborant.

4. Praevertar. *I will rather turn to.* So Hor. Serm. 1, 3, 38.

5. Frustra. See n. on X, 1, 56.

Tertio de Oratore. Cic. de Orat. 3; 19, 27, 31.

Illi refers to Crassus.

In possessione. *In the occupancy.* Philosophy was not the original and rightful owner of these topics, but she has obtained possession of them through the negligence of orators and teachers of eloquence, in whose domain questions of equity, justice, truth, &c., should have always been retained.

6. Illud, quod is explained by the infinitives *fluere* and *fuisse.*

Libris et epistolis testatur. e. g. in de Orat. 3, 15; Orat. 12; Ep. ad fam. 15, 4.

Praeceptores eosdem etc. In the passage in *de Orat.* above referred to, Cicero says: *Iidem erant vivendi praeceptores atque dicendi.*

7. Quendam—exhibeat. *A wise man* (a philosopher) *of a certain type such that,* &c. It was not accounted proper for a Roman citizen, and particularly a senator, to devote himself too earnestly to philosophy. See Tacit. Agr. 4.

8. In actu suo. i. e. in real life, where the principles which philosophy teaches become of practical value.

Primum, mox. *First* in the Athenian portico and gymnasium, *presently* in the Roman school.

Evolvendis. *By unrolling ;* i. e. by reading.

Scientia—humanarumque. Cic. de Off. 2, 2: *Sapientia est rerum divinarum et humanarum causarumque, quibus hae res continentur, scientia.* See also Tuscul. 4, 26.

9. Artem. Refers to *philosophia.*

Superbo nomine. The term *philosophia* was originally adopted as an unpretending name, but in process of time it became associated with the arrogance of many professed teachers of philosophy.

Rebus repetitis. A legal phrase: *having demanded back his property.*

Corpus. The art of eloquence is conceived as made up of members, of which philosophy should be reckoned as one.

10. Rationalem. Seneca and Quintilian restrict this term to logic or dialectics; Macrobius applied it also to investigations concerning the motion and the immortality of the soul, which Seneca includes, in *natural philosophy*, or *physics.* See Sen. Ep. 89, 16.

Si. For *siquidem.*

Colligere. Συλλογίζεσθαι; *to syllogize*, or *prove* by logical reasoning.

Resolvere. *To refute.*

11. Docere etc. Comp. n. on X, 1, 78.

12. Numeros. See n. on X, 1, 4.

Unum, alterum. Refer to *numeros: one or another movement.*

13. Comprehensionibus. *In its propositions.*

Summa celeriter comprehensa. Dialectics teaches the use of concise propositions, in which all the points of a question are briefly comprehended.

Separandis. As, for instance, by defining a crime, and then showing the difference between the act in question and the definition. *Sui facti ab illa definitione separatio.* Cic. de Inv. 2, 18.

Dividendo. By analyzing, or making a logical division of a subject. See n. on X, 1, 106.

Illiciendo, implicando. *By entangling, by involving.*

Vires. Scil. *oratoriae.*

14. Cavillatione. This term is applied to the subtle controversies of the schools.

15. Sicut superioribus libris. Especially in the third and seventh books.

Alia conjectura etc. In some causes the decision depends on the evidence of facts. The effort to reach the truth by the comparison of facts is called *conjectura*, and the question, ground of argument, or *status* in such a case is called *conjecturalis.* In other causes the conclusion depends on definitions, *finitionibus*, and the question or *status* is then called *finitivus.* In others the inquiry is not as to the fact or the name of it, but as to the right or wrong, the justification or non-justification of the act. This is called the *status qualitatis*, and such questions *in qualitate consistunt.* Lastly, there is the *status legalis*, in which the defendant claims on legal grounds that the suit should be set aside, or tried in some other way, or before some other tribunal, *jure summoveantur vel transferantur.* The *status legalis*, or legal question, embraces four varieties: 1 the *syllogism*, by which from some existing statute certain things, though not expressed, are syllogized or logically deduced, *colliguntur ;* 2 *leges contrariae*, inconsistent laws, legal provisions which *ipsa inter se concurrunt*, and admit therefore of no decision; 3 *amphibolia*, ambiguity of terms, allowing contrary deductions; *in diversum ambiguitate ducuntur ;* 4 (omitted by Quintilian in this passage) questions which discuss the letter and spirit of a law; *scriptum et verbum.* Amidst such perplexities of the law the orator must often fall back upon purely ethical principles.

Jure. *On the ground of legality.*

In sola qualitate consistunt. *Rest on the* (moral) *quality alone.*

16. In consiliis. *In deliberations.* Oratory is divided, with reference to the occasions on which it is employed, into three *genera:* the *deliberative*, the *judicial*, and the *laudative* or *vituperative.* The last is also called the *epideictic* or *demonstrative.* See III, 4, 12, sqq.

18. Potentior. *More effective.*

Accedit. *Follows ;* is subordinate to. Boeckh explains the word here by ἕπεται.

In illo studiorum more. *In that manner of* (philosophical) *discussion*, so well known to us in Grecian authors.

19. Comprehensionibus. See n. on § 13.

Status finitivus. See n. on § 15.

Instrui. Supply *oratorem.*

Ab iis qui. The teachers of philosophy.

Quaestio juris. See n. on § 15.

20. Ut docuimus. i. e. in § 15.

21. Quae—nescientis. *What eloquence indeed can be understood as pertaining to a man who is unacquainted with the best things?* *Saltem* has here the force of *quidem.*

22. Liberrimum is said of the free speech of the earlier Athenian comedy, which while praising the eloquence of Pericles, satirized his character. Comp. XII, 10, 24.

Anaxagorae physici. Anaxagoras of Clazomene taught at Athens in the age of Pericles, and gave a new direction to philosophy by his careful study of nature. He was banished on the charge of atheism B. C. 432, and died at Lampsacus, B. C. 430.

23. M. Tullius testatur. See Orat. ch. 3.

Ipse. Cicero gives this testimony in regard to himself, whereas in the instances of Pericles and Demosthenes we have the facts from history.

24. Epicurus. II, 17, 15——*qui disciplinas omnes fugit.* Cic. also, *de Finibus*, 1, 7, speaks of Epicurus deterring others from learned studies.

Pyrrhon. A sceptical philosopher of the time of Alexander the Great.

25. Praestantissimos viros. Plato and Carneades are examples. Gesner also adds Cicero.

Peripatetici—jactant. The most distinguished were Aristotle and Theophrastus.

26. Inter ipsos. *Among* (the philosophers) *themselves.*

Sacramento rogati, and, below, **in leges jurare,** terms relating to the military oath, are applied here to the allegiance of the philosophers to their several systems of belief.

27. Cum vitae etc. While the orator must equal the philosopher in excellence of life, he must also be perfect in eloquence. Thus his work is greater.

28. Quae (*sint*) **bona, quid mitiget** etc. The subjunctives are interrogative, and depend on *questiones*, or some other term to be supplied.

Animum coelestem. Spalding supplies *deceat;* Buttmann *levet.*

31. Tantum—adquierit. The text of this passage is very doubtful. In the reading as here given by Bonnell, *tantum* is translated *only* or *but. Cognitis rebus* may be understood of the mere knowledge of historical examples as opposed to their practical application and imitation on the part of "that orator (*ille*) who thinks it not enough merely to regard the immediate (*proximum*) and actually present time, but looks upon the whole history of future ages as the career of his honorable life, and the period of his fame."

Hinc. i. e. *ex antiquitus dictis* etc.

In causis atque consiliis. *In legal as well as legislative speeches;* in the courts and in the senate.

CHAPTER III.

THE ORATOR MUST KNOW THE LAWS OF HIS COUNTRY.

1–6 The disadvantage of ignorance of the laws. 7–12 The attainment of this knowledge not difficult.

Notes on Chapter III.

1. Et morum et religionum. The first term embraces *secular*, the second *sacred* laws. *Jus civile* with the Romans related both to the religious and political institutions of the commonwealth.

Qui—pronuntiant. Actors, who repeat the words taught them by the poets.

2. Ut. *Although.*

4. Velut ad arculas. Buttmann thinks that the comparison is not drawn from any custom in battles, but from some practice usual in the palaestrae or other places of exercise.

Clamorem suum. Cic. de Orat. 3, 34: *Hunc non clamator aliquis ad clepsydram latrare docuerat.*

5. Si ad horam—constiterit. The praetor usually appointed an hour for the parties to appear before him and give reasons why a suit should, or should not be instituted. Quintilian would have the advocate competent, if present on such an occasion, to make himself useful from his knowledge of law.

In testationibus faciendis. *In preparing evidence.*

7. Consultorum responsis. *By the opinions of jurists.*

11, 12. Alii, alii. Some (despairing of success as orators) have betaken themselves to the study of legal formularies, and have become mere technical lawyers; others affecting the manners of stoic philosophers, have pretended to despise oratorical attainments.

Leguleii quidam. Comp. Cic. de Orat. 1, 55.

12. Subito. Changing suddenly their course of life, after having tried in vain to shine as speakers.

CHAPTER IV.

KNOWLEDGE OF HISTORY AND FICTION NECESSARY TO THE ORATOR.

Notes on Chapter IV.

2. Tuta. Not authentic, indeed, but yet *safe* to be used as examples, because so long recognized and sanctioned as equal in value to real histories.

Ultima aetas=*senectus.*

Praeteritis—videamur. That we should seem to have lived in passed generations; as having acquired by the study of history the knowledge which men without that study can gather up only by a long life of observation and experience.

CHAPTER V.

QUALITIES WHICH ARE HELPS TO ORATORICAL ART.

1-4 A fearless spirit, self-reliance, and a pure conscience. 5-6 Excellence of voice, strength of lungs, and fine presence.

NOTES ON CHAPTER V.

1. Haec. The matters which have been treated of in the twelfth book are aids (*instrumenta*) not furnished by rhetorical art, but dependent on the individual character and attainment of the orator.

Promiseram. See *prooemium*, § 4; and *prooemium* to the entire work, § 22.

Accedente—gratia. This passage embraces what properly belongs to the art.

Ex his. *Of these helps. Animi praestantia* is comprehended in Chaps. 1 and 2.

4. Non concidamus. For *ne concidamus.*

5. Ut supra dixi. *Prooemium* to the Institutions, § 27.

Trachalus. See X, 1, 119.

Ut Cicero. De Orat. 1, 28.

6. Cum in basilica Iulia etc. See n. on X, 3, 30.

Votum. By metonymy for *votis expetendum.*

CHAPTER VI.

THE PROPER AGE FOR BEGINNING TO SPEAK IN THE COURTS.

NOTES ON CHAPTER VI.

1. Demosthenes. Demosthenes argued his cause against his guardians at the age of eighteen.

Calvus, Caesar, Pollio. This fact is mentioned in the "Dialogue" of Tacitus, 34. The quaestorian age under the emperors was twenty-five.

Caesar Augustus. See Suet. Octav. 8.

2. Et proferatur. For *neque proferatur.*

Innascitur. i. e. *animo juvenili.*

4. Pro Sexto Roscio locus. The passage is from the speech in defence of Roscius Amerinus, who was charged with parricide. It is quoted more at length in Orat. 30, 107, where Cicero remarks that his maturer judgment disapproved of it as too florid.

5. **Omnia desiderant.** See the instance of Porcius Latro, X, 5, 18.

Aqua deficit. Speakers were sometimes governed by the clepsydra, or water-clock. Thus *water failing* is synonymous with *time failing.*

Loquendum est. Simple, informal 'talk' must sometimes be substituted for eloquence.

6. **Viribus nitentem.** Buttmann takes *nitentem* from *niti* rather than from *nitere.*

Adhuc alendo. *Which still must be nourished.*

CHAPTER VII.

PRINCIPLES TO GUIDE THE ORATOR IN UNDERTAKING CAUSES.

1–7 The kind of causes he should engage in. 8–12 The question of rendering services without reward.

NOTES ON CHAPTER VII.

3. **Cum propugnatoribus.** For *cum facto propugnatorum.*

Obsidem—accusationem. *To present as a pledge* (of their good will) *to the state their* (voluntary) *prosecution of bad citizens.*

4. **Creditur** is emphatic as the antithesis to *appellatus.*

Ducetur causa. *He will be led by the cause;* i. e. by the character of the cause.

6. **Dignitatem** as opposed to *minores* is here equivalent to *digniores;* persons of rank or eminence.

7. **Neque est.** Supply *litigator* as the antecedent of *qui.*

Ex illis—causis. *For those reasons which I have mentioned above.* See XII, 1, 36 sqq.

8. **Gratisne.** By the Cincian law, B. C. 204, no advocate was allowed to receive a reward for his services. This law was reënacted under the Caesars, but with some qualification, allowing fees to be paid in certain cases.

9. **Socrati—ad victum.** This contribution was widely different from the large fees demanded by the sophists, who lived sumptuously on the income thus acquired.

11. **Periculis.** *Trials.*

Malo—peccet. I prefer, however, that he (the ungrateful client) should be guilty of wrong, rather than that the advocate should make his duties a matter of bargain and sale, by stipulating (*paciscendo*) his price before undertaking the cause.

CHAPTER VIII.

HOW CAUSES SHOULD BE INVESTIGATED.

1-8 The most careful attention must be given to the particulars of the case. 9-11 Much conversation must be held with the client. 11-15 Everything which is expected to help the cause must be critically inspected.

NOTES ON CHAPTER VIII.

2. Communi tractatu locorum. By enallage for *tractatu communium locorum.*

Clamandi. *Of declamation.*

3. Iactantia. *For the sake of the display.*

Clamoribus. i. e. *audientium.*

Reducuntur. *Are escorted home.*

4. Delicias. Here, as in X, 3, 18, the employment of agents for the performance of unpleasant drudgery is styled *deliciae.*

Qui—iubent. *Who desire their friends to be informed;* or to ascertain what are the details of the case to be argued.

Media manus. *An intermediate agent.* So in XI, 2, 3.

Cum dicturis—sint. This is the reading of the best manuscripts. The sense is: *Whereas to the speakers* (*dicturis*) *their own* pleadings *are not of so much importance;* namely, as to induce them to give personal attention to the investigation of the facts. Yet how can a second person be expected to take a lively interest in such an investigation, if the advocate himself does not?

5. Libellis. Briefs, or schedules drawn up by the client himself, or by an attorney.

Deinde here, as in X, 1, 127, is equivalent to *nihilo minus.* It indicates the inconsistency between the two actions *confitentur* and *faciunt.*

Declinandum. *To be softened.* To be presented somewhat indirectly.

7. Ex tempore. So that there may be no opportunity for studied misrepresentation, as in the writing out of the case just spoken of.

8. Vulnus. A weak point in the case.

9. Evocandus. *To be called out,* as it were from his concealment.

10. Agendus adversarius. *The part of opponent must be acted.* He must assume the position of the opposite party.

13. Linum ruptum. Linen threads were bound round legal documents, and sealed.

Agnitore. One who acknowledges his signature. Some copies read *agnitione.*

15. Tertiam personam. The first character assumed by the advocate in preparing his case is that of patron to his client, the second is that of opponent, the third is that of judge or juryman.

CHAPTER IX.

THINGS TO BE OBSERVED IN PLEADING.

1-7 Popular applause must be sacrificed to the real interests of the case. 8-13 Personal invective and ebullitions of temper hurt both the advocate and his client. 14-21 What preparation is necessary, and how unexpected exigencies are to be met.

NOTES ON CHAPTER IX.

1. Praesentis. Join with *laudis.* The applause of the moment, elicited here and there in the course of the speech, is no proof of its excellence as a whole. That is determined by the impression left upon the judges and the intelligent part of the audience when all is over.

2. Praecisis. For the more usual *praeruptus* or *abscissus.*

Operum mole. *On account of their massive fortifications.*

Difficiles. Supply *aditu.*

Laetius. *In a richer style.*

3. Operibus. Works of circumvallation and siege are meant.

4. Opinionis. *Reputation.* Comp. X. 5, 18, and below, § 7.

Doctis. *The well informed* (advocates).

5. M. Antonius praecipit. Perhaps the precept here referred to was found in the work of Antony. It is more probable, however, that Quintilian has in mind the sentiment ascribed by Cicero to Antony in de Orat. 2, 1.

6. Necesse est enim. i. e. in such a case.

8. Obiecturum. *That he will throw out against* the opposite party.

9. Appius. Perhaps Appius Claudius Caecus.

Cognituram subire. *To incur an information,* or *charge;* to be informed against.

16. Quam res patietur plurima. *As many things written as the business will possibly suffer. Patietur* is substituted here with *quam* and the superlative for *pati poterit.*

Ut Demosthenes ait. The saying is not extant in any of the existing speeches of Demosthenes.

Publicis iudiciis. "In private trials there was but one formal plea delivered before the judges, and the rest of the proceedings generally consisted of statements and rejoinders. In public trials there was more formality. Thus if in the opening of the case many things were presented by the opposite party which demanded a more deliberate and careful refutation, the importance of the suit and the dignity of the court required that a new action should be allowed after the interval of several days, when the advocates were permitted to speak again before the judges." Spald.

17. Tota actione. Analogous to the ablative of time.

Ex illis. From those things which have been written.

18. Omni. As the Greek form of the proverb is ὅλῳ ποδί, *omni* here cannot be numerical, as some have understood it.

19. Ibi. Namely, in court.

20. Et omittitur—et transfertur. When our ideas have been premeditated, a thought which is found out of place, is easily left out, or else transferred to a more appropriate connection.

CHAPTER X.

THE KINDS OF ORATORY.

1–9 The classes of oratory illustrated by the various schools of painting and sculpture. 10–12 This illustration applied to the past orators of Rome. 13–15 Cicero defended against the self-styled Attics. 16–19 The oratory of Greece classified as Attic, Asian, and Rhodian. 20–26 The diversity of the Attics among themselves, and their characteristic excellence as a *genus*. 27–34 Greek eloquence is superior to Roman chiefly on account of the greater richness, flexibility, and agreeableness of the language. 35–39 This disadvantage must be compensated by ingenuity of thought, and rhetorical ornament. 40–48 The error of repudiating all ornamentation. 49–57 A difference between spoken and written discourse sometimes, though by no means always necessary. 58–65 Another division of oratory into the simple, the grand, and the intermediate. 66–68 Various mixed styles between these. 69–72 All have their use. 73–76 A vicious kind of eloquence described. 77–80 All desirable qualities may be acquired by study.

Notes on Chapter X.

1. Propositus. II, 14, 5: *Rhetorice sic, ut opinor, optime dividetur, ut de* arte, *de* artifice, *de* opere *dicamus.*

Genere ipso. Comp. X, 1, 103.

2. Nescio an ars ulla. Equivalent to *dubito an ulla.* See Andrews' Lex. article *an*, 2, e, and f.

Ars here implies *artifex in ulla arte.*

6. Fingendi. *Fingere* is applied to modeling or sculpture.

7. Adhuc. Join with *molliora.*

Supra dictis. *Than those above* (or *just*) *mentioned.*

9. Citra aemulum. Equivalent to *sine aemulo.*

10. Species. *Varieties*, as distinguished from *genera.* Comp. §§ 1, 2.

Hinc. For *ex hoc numero.*

Sint, teneant, efflorescat. Perhaps some condition is to be supplied. Thus: *Si genera intueri velis, sint Laelii*, etc. Or it may be taken as a potential subjunctive. See H. 485; Z. 527.

13. Non responsurum. *As one who would not reply.*

Habetur. *Is* (now, in our day) *considered.*

Floribus, affluentia. Causal ablatives.

Illa—occasio. The sense is: There is a more plausible reason for the latter false criticism: namely that expressed in *nimiis floribus* etc.; to which *illa* refers.

14. Illis legibus. The laws of Attic eloquence, as laid down by these self-styled Attics.

15. Magni nominis. i. e. *Attici.*

Ipse respondit. Brut. 82, sqq. Orat. 7, sqq.

17. Alioqui. *Besides.*

18. Auctoris. *Of their teacher.*

21. Solos Atticos follows *esse* as the predicate.

Tenues, lucidos, etc. constitute the subject.

Manum—continentes. The figure denotes a quiet, unexcited style.

Hic is taken by Buttm. adverbially in the sense of 'in this case,' *haec si ita sint.*

Hunc enim—modum. *For his admirers embrace him as the exemplar* (or *measure*) *of this term*, i. e. of the term *Attic. Amatores* signifies the admirers of Lysias, and *modum* is limited by *nominis.* This is the interpretation of Gesner.

Coccum, Andocidem. Coccus is said to have been a pupil of Isocrates. Andocides is mentioned by Plutarch as one of 'the ten' Athenian orators. They are given here by Quintilian as speakers who carried the terse style, *genus tenue*, to extremes.

22. Similius. i. e. to Lysias.

Quos, ut homines etc. *Which orators you may call similar in kind* (as being Attic), *but different in special characteristics, just as* (you speak of) *men*, i. e. as a *genus* divided into characteristic *species.*

23. Locis. *In* (the proper) *places.* Not here 'in passages,' or 'now and then.' But he is sublime whenever there is occasion for sublimity. Comp. IX, 4, 83.

24. Illud iusiurandum. The oath of Demosthenes in the oration on the crown, in which he swears by those who fell at Marathon and Salamis, is characterized by such loftiness of sentiment and style as justify the belief that Demosthenes received instruction from Plato.

25. Ibi demum. *There only;* namely, in the plain, or Lysian school of Attic orators.

Terrae fidem. Faith is attributed to the earth as making a just return for what it receives from the husbandman. Horace has a kindred expression in O. 3, 16, 30: *fides certa segetis.*

Menander eludit. Menander seems to have spoken jestingly of the faith of the Attic soil as yielding back what it received, and nothing more.

26. Adiecerit. If any one shall have acquired, besides the excellencies of Demosthenes, some good qualities which he did not possess.

Audiam, non fecit. The interrogation is in the first of these clauses: *Shall I hear* (some one) *say: Demosthenes did not do this?*

27. Vocalem alteram. Namely, *v*.

Consonantem. ϕ.

29. Sexta. F.

Proxima accipit. *Being next* (before) *receives* (it); i. e. comes immediately before it. The consonant takes to itself the following vowel, both being united in utterance.

Consonantem frangit. *Breaks the force of a* (following) *consonant.* Thus *f* breaks the force of *r* in *frangit.*

Aeolicae litterae. The form of the digamma, introduced by the emperor Claudius to represent the consonant sound of *v* was an inverted *f* (Ⅎ). It was soon laid aside.

30. Illa (*littera*). The letter *q* which is here intended, would be *supervacua*, inasmuch as it is essentially the same as *c*, unless it were useful in those combinations in which *u* after *q* coalesces with a following vowel. As in *aqua*, where the substitution of *c* for *q* would make three syllables instead of two.

31. Cludimus. For the more usual form *claudimus.*

32. Sed et etc. *But even in the preposition* (*ab*) *by annexing s, which itself indeed was discordant with the letter b* &c.

33. Acuta, flexa, gravem, graves. Perhaps *vox* is the word understood.

Nominibus. Here for all parts of speech.

34. His illa potentiora. *Those* (words of the Greeks) *are more effective than these* (of us Romans).

Quae denominata. *Those things which have their names* in Latin, and which, therefore, can be expressed without circumlocution.

In eadem. *To the same words;* the same circle of terms.

Linguarum. *Of dialects.* The Ionic, Doric, &c.

Illis. The Greeks, as opposed to *nos.*

35, 36. Sententias, inventione, sensus, translationum, denote the striking ideas, the ingenious fancy, and the various rhetorical ornaments with which the Romans must compensate for the poverty and rigidity of their language.

35. Fortioribus verbis. The bolder and more masculine terms of the Latin.

36. Proprietas means the use of words in their literal sense. The Greek is so copious that nearly all ideas can be expressed in it without a figure.

Copia is here not *copia verborum*, but *copia dicendi*, an easy flow of eloquence as regards the thought, rather than the words.

37. Suos portus habent. Even those of the Greeks who are of an inferior order of talent, find their harbors; find ports for the disposal of their goods; or, without a figure, they find approving readers, on account of the simple grace of style which is inseparable from the language in which they write.

Litora interim sequenda. We must sometimes imitate the plainness and simplicity of the Greeks, but even then the Roman language compels us to keep away somewhat from the very plainest style (*vada*), and to find *aliquid altius*, some water for our boat a little deeper than that in which the Grecian orator can sail.

38. Verborum—condienda. *The agreeableness of our words must be seasoned from without.* Agreeableness must be imparted to our words by extraneous things. Particularly referring to delivery.

39. Privatis. Supply *causis*. In private suits simplicity (*tenuitas*) was generally appropriate.

42. Parcius—ducentes. *More cautiously, yet on the same principle* (as the poets), *esteeming as excellencies things which are artificial* (*falsa*) *and figurative* (*impropria*).

Recedendum. i. e. *in oratione.*

43. In loco compositionis. *On the subject of composition.* Namely in IX, 4, 3, sqq.

Necessaria—est. *What is* (absolutely) *necessary, than which nothing less will suffice;* not a word less will convey the sense.

Cui is to be joined with *satis esset.*

Species. Forms or states of feeling.

45. Effectius. *More elaborate.* More wrought out and artificial.

Non solum (*non*)—**Sed ne—quidem.** A. & S. 277, R. 6; Z. 274, 6.

Cum—litigatoris. While he aimed as an orator to do justice to the subject itself, and present it in a creditable manner, at the same time his chief aim was to advance the interest of his client.

46. Nisi ut sensus etc. See Introduction, page 15.

Neque enim—potest. Equivalent to *namque hoc fieri potest.*

47. Non—gradus. The finery of the foppish orators of the period is described in Tacit. Dial. 26. *Gradus* denotes the tiers of curls rising on the head one above another.

Cum eo quod. See n. on X, 7, 13. The sense is: Besides this, unless you should associate beauty with lust and luxury, those things which are more honorable would also be the more beautiful.

48. Rem contineant. *Sententiae* or aphorisms comprise the whole question at issue.

49. Mox. Here in the sense of *postea.*

50. Quod—dedicatur. Buttm. is uncertain whether to take *libris* in the dative or ablative. We may translate: *What is consigned to books.*

51. *παράδειγμα, ἐνθύμημα. The example* is best for speaking, because there is less time for reflection. *The enthymeme* is better adapted to written discourse, because the reader can stop and reason.

Itaque nullas etc. Supply *oratio scripta* as the nominative, and insert *virtutes* after *nullas;* thus: *Written discourse ought to contain all excellencies; excellencies, I say, not faults.*

52. Quodsi—sapientum. *But if you should give me* (as my audience) *a body of wise judges.*

Sapientum. For *sapientium.*

54. An Demosthenes etc. More fully expressed the language would be: *An Demosthenes male egisset, si egisset ita ut scripsit?* The text of this passage, however, is disputed.

55. Secundum naturam iudicantium. If the character of the judges is such that the orator is obliged to introduce some things in bad taste (*vitia*), these blemishes must be left out of the published work, lest they should seem to have belonged to the purpose of the orator rather than to have been occasioned by circumstances.

56. Cicero praecipit. The passage referred to cannot be found.

Testium personis. *By reason of the character of witnesses.* i. e. in order to accommodate the peculiarities of witnesses.

57. Amphionem. Amphion was a frequent name of freedmen and common people.

58. Et ipsa. This division also is threefold as well as that which classifies oratory as Attic, Asian, and Rhodian. See §§ 16, 18.

59. Suo genere plenum. *Complete in its own kind*, or, of itself. i. e. The simple style is of itself sufficient for the entire composition, when the subject does not require the grand or beautiful.

61. Pontem indignetur. Aen. 8, 728.

Torrens. Here an adjective agreeing with *ille* (*amnis*).

Ut Appium Caecum. The allusion is to the oration *pro Caelio*, 14, where Appius Caecus is imagined to address Clodia.

Patria exclamabit. Orat. in Catil. 1, 7.

Aliquandoque Ciceronem etc. The sense is: And sometimes the country will address the orator as she does Cicero, &c. See Orat. in Catil. 1, 11.

62. Quae Charibdis etc. Cic. Phil. 2, 27.

Vos enim Albani etc. Cic. Pro Mil. 31.

Te vidit etc. From some orator unknown.

64. Menelao. Il. 3, 213, sqq.

Nestoris. Il. 1, 249.

Ulixe. Il. 3, 221.

65. In Pericle. See n. on X, 1, 82.

66. Ex duobus. Join with *mixtum.* Comp. X, 1, 54.

Eorum limits the adjective *medium.* See examples in Forcellini from Caesar and the poets.

67. Illud lene. The ἁνθηρόν, *medium* or *floridum.*

Cum interim. For *cum tamen.*

68. Quinque sonos. The ancient system of tones embraced two octaves; as, for example from C to $\bar{c}$. The "five sounds" are the extremes of these two octaves together with the intervening fourths. The "filling up of the intervals" (*spatia*) between these refers to the other sounds of the diatonic scale, and "the inserting of still other sounds" "between these latter" refers to the chromatic and enharmonic intervals. This is in substance the explanation given by Boeckh.

70. Sponsionibus. Certain sums deposited by the litigants to be adjudged to the successful party.

De certa credita. Supply *pecunia.*

74. Per aggerem (*viae*). *Along the highway.*

Circuli. Little gatherings.

75. Ovidius. The passage is taken perhaps from some tragedy of Ovid.

76. Fucinis. Equivalent to *fuco tinctis; things dyed with rouge.*

CHAPTER XI.

CONCLUSION.

1–4 The advocate should give up public speaking before his powers decline. 4–7 He can then devote himself to writing, and give useful instruction to his successors. 8–13 The manifold accomplishments recommended in this work are not too difficult to be attained. 14–20 The chief impediments are the loss of time, the incompetency and unfaithfulness of teachers, and the trivial pursuits of the world. 21–24 The example of many great men shows how much can be achieved. 25–30 If the highest position cannot be reached, something less may still be honorable. 31. Closing words addressed to Marcellus Victor.

Notes on Chapter XI.

2. Ne se quaerat priorem. *Lest he should seek* (in vain) *his former power;* or more literally: *his former self.*

3. Quod videatur. A similar example of the subjunctive occurs in II, 16, 1: *quidam—invehi solent, et, quod* **sit** *indignissimum—utuntur.*

Occasio fuit. i. e. *Afro.*

4. Illa. Those things, namely, which he delivered at the advanced period of his life. Of whatever quality (*qualiacumque*) these were, they were not absolutely bad, but only inferior to his former efforts. This, however, is not the interpretation of Buttmann, who refers *illa* to the above mentioned *ridicule* of some, and *shame* of others.

In libris Ciceronis. De Orat. 1, 42, 190.

Os dabit. *Will give utterance.*

5. More veterum. See n. on X, 5, 19. Also Cic. de senect. 8, 9.

Ratio is the emendation proposed by Spalding for *ratis.*

6. Caelium. See Cic. pro Cael. 4.

Pansam, Hirtium, Dolabellam. See Cic. ep. ad. Diversos 9, 16.

8. The peroration commences here.

9. Perhorrescant, desperent. The construction of *vereor ne* is continued here.

10. Renuntient sibi. *Let them call to mind.*

12. Promuntur. This reading is substituted by Bonnell for *premunt.*

13. Cetera. The rest of the things to be acquired besides the *institutio vitae honestae beataeque* just spoken of.

15. Magna pars aetatis. Contrasted with *multis annis.*

16. Cognoscere is used here absolutely: *to get knowledge.* i. e. to become acquainted with life, as opposed to the training of the schools.

17. Sed breve etc. The sentiment of this passage is fully presented in Seneca *de brevitate vitae.*

18. Fabulis. Here not dramatic performances, but stories or plays as matter for reading. Comp. Cic. de fin. 5, 19.

Adice and **trahat** (used as an imperative) may be taken as the protasis to *ne ea quidem* etc.

Ne ea quidem. Even the spaces of time remaining after these follies and cares have been attended to, are unfitted for intellectual culture, because of the habits of mind engendered by such vain and hurtful occupations.

19. Omnia (*tempora*) includes all the times given to the above mentioned employments, not *ea quae supersunt.*

21. Illusisse—auditores. There is a wide difference in the manuscript readings here. I have adhered to Bonnell's, which rests on good authority.

24. Celsus. See n. on X, 1, 124.

25. At supposes an objection. **Ante omnia** etc., is the reply.

Capere id rerum naturam. This reading has better authority than *cadere in r. n.* given in some editions. *Capere id*, etc. may be rendered *Nature is capable of this, nor does she understand*, etc.

26. Ut Cicero ait. Orat. 1, 4.

28. Alioqui—fuisset. The idea more fully expressed is this: Moreover art in its highest advancement would have rendered very poor service to humanity, if what was best had already been achieved, thus leaving no hope or incentive to genius for the future. Many editions instead of *fuisset* read *defuisset.*

29. Hanc minorem mercedem. The personal influence, friendly alliances, reputation, &c., gained by eloquence constitute a merely incidental reward, inferior to the intellectual culture and enjoyment derived from the study of it.

More eorum. According to the practice of the Epicureans, who thought that virtue should be cultivated because it ministered to pleasure. See Cic. de off. 3, 3, 33.

31. Bonam voluntatem. *A right intention*, or a desire for what is truly good in eloquence.

THE END.

CABINET DES FEES; or, Recreative Readings, arranged for the express use of Students in French. By G. GERARD, Professor of the French Language and Literature. 1 vol., 12mo. Price, $1.50.

"This is just the book for learners of French who have just commenced to read in that tongue."

CHOUQUET'S CONVERSATIONS AND DIALOGUES. By GUSTAVE CHOUQUET. 16mo. 204 pages. Price, 75 cts.

A phrase-book is essential to those who would acquire an easy style of conversation in French. Such an auxiliary they will find in this work of Chouquet's, which embraces dialogues on daily occupations and ordinary topics, involving those idiomatic expressions that most frequently occur. The author displays judgment in his choice of subjects, and tact in adapting himself to the comprehension of the young. With a knowledge of the phrases and idioms presented in this volume, the student can take part in ordinary conversation with fluency and elegance.

CHOUQUET'S GUIDE TO FRENCH COMPOSITION. By GUSTAVE CHOUQUET. 12mo. 297 pages. Price, $1.25.

This volume is intended to serve as a reading and translation book, a text-book on Rhetoric, and a manual of French composition and conversation. The First Part Comprisés a treatise on Rhetoric, written in French, but applicable to all languages, which will discipline the mind of the learner in the elaboration of thought, and train his judgment for sound literary criticism. The Second Part is devoted to Composition proper; contains analyses and models of narrations, descriptions, dissertations, letters, etc., and a list of subjects on which, after these models, the pupil is required to try his powers.

It will be seen that this work is intended only for those who have already acquired some knowledge of the language; for such, particularly in young ladies' schools, it is admitted to fill, in the most satisfactory manner, a want that was long felt. It teaches at once French and Rhetoric—and that by a pleasant and easy process.

COLLOT'S DRAMATIC FRENCH READER; being a Selection of some of the best Dramatic Works in the French Language. By Professor A. G. COLLOT. 12mo. 521 pages. Price, $1.50.

In the belief that dramatic literature affords peculiar facilities for familiarizing the student with French conversation in familiar, as well as more elevated, style, Prof. Collot has brought together in this volume fourteen of the *chefs-d'œuvre* of the French drama, comedy and tragedy, by such authors as Scribe, Piron, Molière, Voltaire, Racine, and Corneille. They are arranged in progressive order, and furnished with notes on such passages as require explanation. Affording entertaining pictures of French life, as well as specimens of the finest style, it is believed that this collection is just what is needed for advanced classes.

COMMENT ON PARLE À PARIS: French as Spoken in Paris. By Madame DE PEYRAC. 12mo. 252 pages. Price, $1.50.

"Comment on parle à Paris," or how they speak French in Paris, is certainly a very desirable thing to know; with the aid of this new and unique manual by Madame de Peyrac, the knowledge may be gained without difficulty. Her volume is not intended for children, but for those who have partially acquired the language, and need only familiarity with an elegant style of conversation. To invest the subject with greater interest, the form of a domestic romance is adopted. A variety of characters are introduced, and lively tableaux of French life and manners are presented. Teachers, who are dissatisfied with the Readers they have heretofore employed, are recommended to procure and examine this admirable volume, which has been warmly commended by critics and educators.

CORINNE, OR ITALY. By Baroness DE STAËL. New edition, revised and corrected. 1 vol., 12mo. 432 pages. $1.50.

In the whole circle of polite literature we scarcely know of any production in modern times, that has been honored with such lavish encomiums as the celebrated work, by Mad. de Staël, entitled "Corinne, or Italy." The multitude of eloquent passages and enchanting pictures which adorn this extraordinary production, do not impair in the least the interest of the fiction, as the authoress has skilfully introduced the digression only where the progress of the action is suspended, when the reader is even afraid of its resuming its course, and when he enjoys a moment of repose, so much the more because he is sensible of an approaching storm. . . . . "Corinne" is a work adapted to all readers. From its brilliant pictures the artist may derive fresh enthusiasm, with new means of expressing it; the learned may acquire ingenious comparisons and new imagery; the tourist to the classic land of the Old World, the most important and judicious hints.

COUTAN'S CHOIX DE POESIES (Select Poetry for Young Persons). By Madame A. COUTAN. 12mo. 329 pages. Price, $1.50.

Madame Coutan's collection, made during many years devoted to the teaching of French, embraces some of the choicest and best poetry in the language. While it is peculiarly adapted to young ladies' schools, there is no class of students or general readers to whom it will not prove an acceptable and instructive companion.

De Fivas's French Works.

I. NEW ELEMENTARY FRENCH READER: An Introduction to the French Language. Containing Fables, select Tales, remarkable Facts, amusing Anecdotes. With a Dictionary. By ALAIN DE FIVAS. 16mo. 147 pages. Price, 75 cents.

II. THE CLASSIC FRENCH READER; or, Beauties of the French Writers, Ancient and Modern. With a Vocabulary of all the Words and Idioms contained in the Work. By J. L. JEWETT. 12mo. 388 pages. Price, $1.50.

The Elementary Reader, as its name imports, is for beginners. It consists of short and easy pieces, written in familiar style, and of the most attractive character.

The Classic Reader may, with advantage, follow the Elementary, or may be used independently of it with somewhat older classes. For this work, the choicest productions of the extensive field of classic French Literature have been gathered. The great names of Fénélon, Bossuet, Montesquieu, Chateaubriand, Thierry, Béranger, etc., afford sufficient guaranty of the purity, vivacity, and elegance of the contents. Each piece presents a subject complete in itself. By selections from the writings of different literary epochs, the reader is enabled to form an enlightened judgment of each, and the work is thus rendered a faithful mirror of the best French literature, ancient as well as modern. The short biographical sketches of the authors, prefixed to the several extracts, will be read with interest.

III. NEW GRAMMAR OF FRENCH GRAMMARS. Comprising the substance of all the most approved French Grammars extant, but more especially of the Standard Work, "Grammaire des Grammaires," sanctioned by the French Academy and the University of Paris. With numerous Exercises and Examples illustrative of every Rule. By Dr. V. DE FIVAS, M. A., F. E. I. S. 1 vol., 12mo. $1.25.

At once the simplest and most complete grammar of the French language. To the pupil, the effect is almost as if he looked into a map, so well defined is the course of study as explained by M. de Fivas.

"Its precision and conciseness are admirable. We cordially recommend it to teachers and students. Its excellence cannot fail to secure it an established reputation." —*Standard.*

THE FRENCH MANUAL: A New, Simple, Concise, and Easy Method of Acquiring a Conversational Knowledge of the French Language, including a Dictionary of over Ten Thousand Words. By M. ALFRED HAVET. Entirely revised and corrected from the last English edition, with a new system of Pronunciation. 1 vol., 12mo. 332 pages. Half bound, $1.25.

"A great many learners," says *Le Courrier de l'Europe*, "might, after having waded through the tedious courses of French hitherto followed, be able to express themselves in a sort of half academic language, but it would be altogether impossible for them to converse on the ordinary topics of every-day life, or give an order to a servant. It is this familiar language that M. Havet's book is destined to put them in possession of, and we believe nothing has been neglected to secure that happy result." It is, in the opinion of some of our foremost teachers, emphatically the best system for learning French.

Ollendorff's French Grammars.

FIRST LESSONS IN THE FRENCH LANGUAGE; being an Introduction to Ollendorff's Larger Grammar. By G. W. GREENE. 16mo. 138 pages. Price, 75 cents.

OLLENDORFF'S NEW METHOD of learning to Read, Write, and Speak the French Language. With full Paradigms of the Regular and Irregular, Auxiliary, Reflective, and Impersonal Verbs. By J. L. JEWETT. 12mo. 498 pages. Price, $1.25.

KEY TO EXERCISES. Separate volume. Price, $1.

OLLENDORFF'S NEW METHOD of learning to Read, Write, and Speak the French Language. With numerous Corrections, Additions, and Improvements, suitable for this Country. To which are added, Value's System of French Pronunciation, his Grammatical Synopsis, a New Index, and short Models of Commercial Correspondence. By V. VALUE. 12mo. 588 pages. Price $1.25.

KEY TO EXERCISES. Separate volume. Price, $1.

Ollendorff's French Grammars have been before the public so long, and have had their merits so generally acknowledged, that it is unnecessary to enter into any detailed description of their peculiarities or lengthy argument in their favor. Suffice it to say, that they are founded in nature, and follow the same course that a child pursues in first acquiring his native tongue. They teach inductively, understandingly, interestingly. They do not repel the student in the outset by obliging him to memorize dry abstract language which conveys little or no idea to his mind, but impart their lessons agreeably as well as efficiently by exercises, which teach the principles successively involved more clearly than any abstract language can. They give a conversational, and therefore a practically useful, knowledge of the language; the student is made constantly to apply what he learns. To these peculiarities is due the wide-spread and lasting popularity of the Ollendorff series.

Prof. Greene's Introduction, the first of the works named above, will be found useful for young beginners. In it are presented the fundamental principles of the language, carefully culled out, and illustrated with easy exercises. It paves the way for the larger works, preparing the pupil's mind for their more comprehensive course, and awakening in it a desire for further knowledge.

Value's and Jewett's works are essentially the same, though differing somewhat in their arrangement and the additions that have been made to the original. Some institutions prefer one, and others the other. Either, it is believed, will impart a thorough acquaintance with French, both grammatical and conversational, by an interesting process, and with but little outlay of time and labor.

NOUVEAU (LE) TESTAMENT. Par J. T. OSTERVALD. 12mo. Limp cloth, 50 cents.

THE ADVENTURES OF TELEMACHUS. By FÉNÉLON. New edition, with the Meaning in English, at the foot of each page, of the most difficult Words occurring in the Text. To which is added a Synoptical Dictionary of Mythological and Geographical Names. From the edition of Charles le Brun. The whole carefully revised and corrected from Didot's Paris edition. 1 vol., 12mo. 395 pages. $1.25.

THE ADVENTURES OF TELEMACHUS. By FÉNÉLON. Standard edition. Edited by Gabriel Surenne. 18mo. 393 pages. Price, 75 cents.

Fénélon's world-renowned "Telemaque" will always retain its popularity as a Reader for French classes, on account of the purity of its style, the interest of its narrative, and the excellence of its moral. The present edition is convenient in form, faultless in external appearance, and as correct as the editorial supervision of an accomplished scholar like Surenne can make it.

ROEMER'S ELEMENTARY FRENCH READER. With an Analytical Study of the French Language, a Treatise on French Poetry, and a Dictionary of Idioms, Proverbs, Peculiar Expressions, etc. By J. ROEMER, LL. D., Professor of the French Language and Literature in the N. Y. Free Academy. 12mo. 297 pages. Price, $1.50.

From the N. Y. Com. Advertiser.

"We invite attention to this new French Reader, which seems admirably adapted to the use of the student, and especially to the code of instruction and explanation with which it is introduced—the whole forming, as we conceive, a book of exceeding value to both learners and teachers, and capable of greatly facilitating the labors of both."

PICCIOLA. By X. B. SAINTINE. Preceded by Researches on the Employment of Time in State Prisons, by Paul L. Jacobs. New edition, revised and corrected. 1 vol., 12mo. $1.25.

PRENDERGAST'S MASTERY SERIES for learning Languages on New Principles. By THOMAS PRENDERGAST, Author of "The Mastery of Languages; or, the Art of Speaking Foreign Tongues Idiomatically." This method offers a solution of the problem, How to obtain facility in speaking foreign languages grammatically, without using the Grammar in the first stage. It adopts and systematizes that process by which many couriers and explorers have become expert practical linguists.

The following Manuals may now be had:

HANDBOOK TO THE MASTERY SERIES, being an Introductory Treatise. Price, 50 cents.

THE MASTERY SERIES, GERMAN. Price, 50 cents.

THE MASTERY SERIES, FRENCH. Price, 50 cents.

To be followed shortly by

THE MASTERY SERIES, SPANISH. Price, 50 cents.

THE MASTERY SERIES, HEBREW. Price, 50 cents.

"We know that there are some who have given Mr. Prendergast's plan a trial, and discovered that in a very few weeks its results had surpassed all their anticipations."—*The Record.*

"The Mastery System gives, in our opinion, all the advantages of Ollendorff's, and is free from its defects. . . . To gain a thorough command of the common phrases which the majority use exclusively and all men chiefly, is the goal at which the Mastery System aims, and we think that goal can be reached by its means more easily and in a shorter time than by any method yet made known."—*Norfolk News.*

PRONOUNCING FRENCH

DICTIONARY. By GABRIEL SURENNE, F. A. S. E. 16mo. 556 pages. Price, $1.25. Pocket edition.

In the preparation of this new work, due regard has been paid to the introduction of such new words and definitions as the progressive changes in the language have rendered necessary; and for this purpose the best and most recent authorities have been carefully consulted. It is therefore confidently anticipated that the volume will prove not only a useful auxiliary to the student, but also a convenient Pocket Companion to the traveller, wherever the French language is spoken. A vocabulary of proper names accompanies the work.

ROWAN'S MODERN FRENCH

READER. With a Vocabulary of the New and Difficult Words and Idiomatic Phrases adopted in Modern French Literature. By F. ROWAN. Edited by. J. L. Jewett, Editor of Ollendorff's French Method. 12mo. 341 pages. Price, $1.50.

One object of this volume is to offer specimens of the French language as it is spoken at the present day, and presented in the works of the modern authors of France, without the risk of sullying the mind of the young reader by indelicate expressions or allusions. Another is to facilitate the task of the teacher by rendering the work attractive to the pupil. Such selections have therefore been made as will, it is hoped, be interesting and entertaining to the young reader, while at the same time they will prove worthy specimens of the peculiar style of their respective authors.

The American edition is rendered still more valuable by the addition of extracts from the writings of Sismondi and Mignet, modern historians of distinguished merit. The vocabulary of new and difficult words and idiomatic phrases is conveniently arranged for reference, and considerably enlarged; while the whole has undergone thorough revision, with a view to accuracy in every particular. The orthography has been made to conform to that of the Dictionary of the Academy and the usage of modern writers.

ROEMER'S SECOND FRENCH

READER. Illustrated with Historical, Geographical, and Philological Notes. 12mo. 478 pages. Price, $1.50.

This volume, like the preceding one, presents a series of lively and entertaining extracts, calculated to stimulate the curiosity and enlist the feelings of the scholar in favor of the language. The selections are made from modern authors exclusively, and bear witness to the nice literary discrimination of the compiler. As a collection of elegant extracts, this volume is second to none; it has become a general favorite both with teachers and students.

ROEMER'S POLYGLOTT

READER. Forming one of a series of Five Volumes. Translated from English Text. By J. ROEMER, LL. D. 1 vol., 12mo. Price, $1.50.

The design of the work is to enable the learner to have the same work in five tongues. The selection are made from the best authors.

SPIERS AND SURENNE'S

French and English and English and French Pronouncing Dictionary. One vol., 12mo. 973 pages. Price, $2.50. Standard abridged edition. From new and large type.

The First Part of this well-known and universally popular work contains: Words in common use, Terms connected with science, Terms belonging to the fine arts,

Four thousand historical names, Four thousand geographical names,

Upwards of eleven thousand words of recent origin,

The pronunciation of every word according to the French Academy and the most eminent lexicographers and grammarians; also,

More than seven hundred critical remarks, in which the various methods of pronouncing employed by different authors are investigated and compared.

The Second Part contains: A copious vocabulary of English words, with their proper pronunciation. The whole is preceded by a critical treatise on French pronunciation.

SIMONNÉ'S MANUAL OF FRENCH VERBS. Comprising the formation of Persons, Tenses, and Moods of the Regular and Irregular Verbs; a Practical Method to trace the Infinitive of a Verb out of any of its Inflections; Models of Sentences in their different Forms; and a Series of the most useful Idiomatical Phrases. By T. SIMONNÉ. 12mo. 108 pages. Price, 75 cents.

The title of this volume, given in full above, shows its scope and character. The conjugation of the verbs, regular as well as irregular, is the great difficulty that the French student has to encounter; and, to aid him in surmounting it, M. Simonné has applied his long experience as a teacher of the language.

PIERS AND SURENNE'S French-and-English and English-and-French Pronouncing Dictionary. Edited by G. P. Quackenbos, A. M. One large vol., 8vo, of 1,316 pp., neat type, and fine paper. Half Mor., $6.

The publishers claim for this work,

1. That it is a revision and combination of (Spiers's) the best defining and (Surenne's) the most accurate pronouncing dictionary extant.
2. That in this work the numerous errors in Spiers's dictionary have been carefully and faithfully corrected.
3. That some three thousand new definitions have been added.
4. That numerous definitions and constructions are elucidated by grammatical remarks and illustrative clauses and sentences.
5. That several thousand new phrases and idioms are embodied.
6. That upward of twelve hundred synonymous terms are explained, by pointing out their distinctive shades of meaning.
7. That the parts of all the irregular verbs are inserted in alphabetical order, so that one reference gives the mood, tense, person, and number.
8. That some four thousand new French words, connected with science, art, and literature, have been added.
9. That every French word is accompanied by as exact a pronunciation as can be represented by corresponding English sounds, and vice versa.
10. That it contains a full vocabulary of the names of persons and places, mythological and classical, ancient and modern.
11. That the arrangement is the most convenient for reference that can be adopted.
12. That it is the most complete, accurate, and reliable dictionary of these languages published.

VOLTAIRE'S HISTORY OF CHARLES XII. Carefully revised by GABRIEL SURENNE. 16mo. 262 pages. Price, 75 cents.

This is a neat edition of Voltaire's valuable and popular History of Charles XII., King of Sweden, published under the supervision of a distinguished scholar, and well adapted to the use of schools in this country.

WINKELMAN'S FRENCH SYNTAX; being a course of Exercises in all parts of French Syntax, methodically arranged after Poitevin's "Syntaxe Française;" to which are added Ten Appendices, designed for the use of Academies. Colleges, and Private Learners. By FREDERICK J. WINKELMAN, A. M., PH. D., Professor of Latin, French, and German, in the Packer Collegiate Institute. 12mo. 366 pages. $1.25.

This work is intended for students who already have a partial acquaintance with the French language, but wish to acquire a more thorough knowledge of its Syntax than can be obtained through the text-books in general use. It is arranged in the same manner as the practical part of Poitevin's "Syntaxe Française." The examples of Syntax are mainly translations of passages from the best French authors. The Appendices—of which there are ten—illustrate various difficult points in French grammar.

THE MASTERY SERIES FOR Learning Languages on New Principles. By THOMAS PRENDERGAST, Author of "The Mastery of Languages, or the Art of Speaking Foreign Tongues Idiomatically." This method offers a solution of the problem, How to obtain facility in speaking foreign languages grammatically, without using the Grammar in the first stage. It adopts and systematizes that process by which many couriers and explorers have become expert practical linguists.

HAND-BOOK TO THE MASTERY SERIES, being an Introductory Treatise. Price, 50 cents.

THE MASTERY SERIES, GERMAN. Price, 50 cents.

German.

ADLER'S GERMAN-AND-English, and English-and-German Pronouncing Dictionary. By G. J. ADLER, A. M., Professor of the German Language and Literature in the University of New York. One elegant large 8vo vol. 1,400 pages. Price, $6.

The aim of the distinguished author of this work has been to embody all the valuable results of the most recent investigations in a German Lexicon, which might become not only a reliable guide for the practical acquisition of the language, but one which would not forsake the student in the higher walks of his pursuits, to which its treasures would invite him.

In the preparation of the German and English Part, the basis adopted has been the work of Flügel, compiled in reality by Heimann, Feiling, and Oxenford. This was the most complete and judiciously-prepared manual of the kind in England.

The present work contains the accentuation of every German word, several hundred synonymes, together with a classification and alphabetical list of the irregular verbs, and a dictionary of German abbreviations.

The foreign words, likewise, which have not been completely Germanized, and which often differ in pronunciation and inflection from such as are purely native, have been designated by particular marks.

The vocabulary of foreign words, which now act so important a part, not only in scientific works, but in the best classics, reviews, journals, newspapers, and even in conversation, has been copiously supplied from the most complete and correct sources. It is believed that in the terminology of chemistry, mineralogy, the practical arts, commerce, navigation, rhetoric, grammar, mythology, philosophy, etc., scarcely a word will be found to be wanting.

The Second (or German-English) Part of this volume has been chiefly reprinted from the work of Flügel. The attention which has been paid in Germany to the preparation of English dictionaries for the German student has been such as to render these works very complete. The student, therefore, will scarcely find any thing deficient in this Second Part.

AN ABRIDGMENT OF THE ABOVE. 12mo. 844 pages. Price, $2.50.

With a view of offering to the student of German such a portion of his larger work as would embody the most general and important lexicographical elements of the language in the smallest possible compass, the author has gone over the entire ground of the larger work—revising, condensing, or adding, as the case might require. All provincialisms, synonymes, and strictly scientific terms, have been excluded from these pages, and every thing that might prove unnecessary or embarrassing to beginners, or to travellers, and others for whom a smaller volume is better adapted.

From C. C. FELTON, *Prof. of Greek, Harvard Univ.*

"The careful manner in which Prof. Adler has investigated the language as employed by the great body of recent German writers, and the accuracy with which the best usage is explained in his definitions, make the work peculiarly valuable for English and American students."

ADLER'S HAND-BOOK OF GERMAN LITERATURE.

Containing Schiller's Maid of Orleans, Goethe's Iphigenia in Tauris, Tieck's Puss in Boots, The Xenia, by Goethe and Schiller. With Critical Introductions and Explanatory Notes; to which is added an Appendix of Specimens of German Prose, from the middle of the Sixteenth to the middle of the Nineteenth Century. By G. J. ADLER. 12mo. 550 pages. Price, $1.50.

For classes that have made some proficiency in the German language, and desire an acquaintance with specimens of its dramatic literature, no more charming selection than this can be found. Sufficient aid is given, in the form of introductions and notes, to enable the student to understand thoroughly what he reads. The progress of the language is graphically illustrated by specimens of the literature at different eras, collated in an Appendix.

ADLER'S PROGRESSIVE GERMAN READER.

By G. J. ADLER, Professor of the German Language and Literature in the University of the City of New York. 12mo. 308 pages. Price, $1.50.

The plan of this German Reader is as follows:

1. The pieces are both prose and poetry, selected from the best authors, and present sufficient variety to keep alive the interest of the scholar.

2. It is progressive in its nature, the pieces being at first very short and easy, and increasing in difficulty and length as the learner advances.

3. At the bottom of the page constant references to the Grammar are made, the difficult passages are explained and rendered. To encourage the first attempt of the learner as much as possible, the twenty-one pieces of the first section are analyzed, and all the necessary words given at the bottom of the page. The notes, which at first are very abundant, diminish as the learner advances.

4. It contains *five* sections. The *first* contains easy pieces, chiefly in prose, with all the words necessary for translating them; the *second*, short pieces in prose and poetry alternately, with copious notes and renderings; the *third*, short popular tales of Grimm and others; the *fourth*, select ballads and other poems from Bürger, Goethe, Schiller, Uhland, Schwab, Chamisso, etc.; the *fifth*, prose extracts from the first classics.

5. At the end is added a vocabulary of all the words occurring in the book.

The pieces have been selected and the notes prepared with great taste and judgment, so much so as to render the book a general favorite with German teachers.

A NEW, PRACTICAL, AND

Easy Method of Learning the German Language. By F. AHN, Doctor of Philosophy, and Professor of the College of Neuss. 12mo. Price, $1.

EICHHORN'S PRACTICAL GERMAN GRAMMAR.

By CHARLES EICHHORN. 12mo. 287 pages. Price, $1.50.

Those who have used Eichhorn's Grammar commend it in the highest terms for the excellence of its arrangement, the simplicity of its rules, and the tact with which abstruse points of grammar are illustrated by means of written exercises. It is the work of a practical teacher, who has learned by experience what the difficulties of the pupil are and how to remove them.

ROEMER'S POLYGLOTT READER IN GERMAN.

Being a Translation of the English Selection. Translated by Dr. SOLGER. 12mo. $1.50.

WRAGE'S GERMAN PRIMER.

12mo. 134 pages. Price, 40 cents.

FIRST GERMAN READER

12mo. 168 pages. Price, 50 cents.

OLLENDORFF'S NEW METHOD of Learning to Read, Write, and Speak the German Language. By GEORGE J. ADLER, A. M. 12mo. 510 pages. Price, $1.25.

KEY TO EXERCISES. Separate volume. Price, $1.

Few books have maintained their popularity in the schools for so long a period as the Ollendorff series. The verdict pronounced in their favor, on their first appearance in Europe, has been signally confirmed in America. The publishers have received the strongest testimonials in relation to their merits from the press, from State and county school officers, from principals of academies, and teachers of public and private schools in all sections of the United States.

Grammars for Teaching English to Germans.

OLLENDORFF'S NEW METHOD for Germans to Learn to Read, Write, and Speak the English Language. Arranged and Adapted to Schools and Private Academies. By P. GANDS. 12mo. 599 pages. Price, $1.50.

KEY TO THE EXERCISES. Separate volume. Price, $1.

BRYAN'S GRAMMAR FOR Germans to learn English. Edited by Professor SCHMIEDER. 12mo. 189 pages. Price, $1.25.

The publishers have got out these volumes in view of the great number of Germans residing in and constantly emigrating to the United States, with whom the speedy acquisition of English is a highly desirable object. To aid them in this, the services of competent and experienced teachers have been procured, and the admirable Grammars named above are the results of their labors.

The Ollendorff Grammar embraces a full and complete synopsis of English Grammar, applied at every step to practical exercises. It is constructed according to the "New Method" which has so generally approved itself to public favor. A month's study of this volume will supply the learner with such current idioms that he can comprehend ordinary conversation, and in turn make himself understood.

Bryan's Course is briefer, and better adapted for primary classes and those whose time of study is limited. It presents the cardinal principles of the language, well arranged and clearly illustrated. The anomalies of English syntax are handled in a masterly manner, and the general treatment of the subject such as to remove from it all difficulties by the way.

ELEMENTARY GERMAN READER. By Rev. L. W. HEYDENREICH, Professor of Languages at Bethlehem, Pa. Price, $1.00.

This is an excellent volume for beginners, combining the advantages of Grammar and Reader. It has received strong and cordial commendations from the best German scholars in the country: among whom are Prof. Schmidt, of Columbia College, N. Y.; William M. Reynolds, late Pres. of Capitol Univ., Columbus, Ohio; Edward H. Reichel, Principal of Nazareth Hall; W. D. Whitney, Prof. of Sanscrit and German in Yale College, etc., etc.

Italian.

MEADOWS'S ITALIAN-AND-ENGLISH DICTIONARY. In Two Parts. I. Italian-and-English; II. English-and-Italian. Comprehending, in the First Part, all the Old Words, Contractions, and Licences used by the ancient Italian Poets and Prose Writers; in the Second Part, all the various Meanings of English Verbs. With a new and concise Grammar, to render easy the acquirement of the Italian Language; exhibiting the Pronunciation by Corresponding Sounds, the Parts of Speech, Gender of Italian Nouns, New Conjugation of Regular and Irregular Verbs, Accent on Italian and English Words, List of usual Christian and Proper Names, Names of Countries and Nations. By F. C. MEADOWS, M. A. 1 vol., 16mo. $2.

ELEMENTARY GRAMMAR

OF THE ITALIAN LANGUAGE. Progressively Arranged for the use of Schools and Colleges. By G. B. FONTANA. 12mo. 236 pp. $1.50.

The object of this work is to present the language as spoken to-day, in its simplest garb, both theoretically and practically. The Grammar is divided into two parts, embracing Sixty Lessons and Sixty Exercises. The first part is exclusively given to rules indispensable to a general idea of the language; the second is framed for those who are desirous of having an insight into its theory, and consists of synonyms, maxims, idioms, and figurative expressions. The Exercises of both parts are very regularly progressive,—and those of the second part are of course the most difficult. Some of them contain extracts from celebrated poems translated into plain prose, so that the pupil may compare his Italian translation with the original, which has been inserted for that purpose at the end of the book. Others are biographical sketches of the most prominent among the Italian writers; by which means the pupil, whilst acquiring the language, may become familiar with the life and works of some of the classic Italian autnors, such as Manzoni, Alfieri, Tasso, Petrarch, and the father of Italian language and literature, Dante Alighieri.

FORESTI'S ITALIAN

READER: A Collection of Pieces in Italian Prose, designed as a Reading-Book for Students of the Italian Language. By E. FELIX FORESTI, LL. D. 12mo. 298 pages. Price, $1.50.

In making selections for this volume, Prof. Foresti has had recourse to the modern writers of Italy rather than to the old school of novelists, historians, and poets; his object being to present a picture of the Italian language as it is written and spoken at the present day. The literary taste of the compiler and his judgment as an instructor have been brought to bear with the happiest results in this valuable Reader.

From the Savannah Republican.

"The selections are from popular authors, such as Botta, Manzoni, Machiavelli, Villani, and others. They are so made as not to constitute mere exercises, but contain distinct relations so complete as to gratify the reader and engage his attention while they instruct. This is a marked improvement on that old system which exacted much labor without enlisting the sympathies of the student. The idioms that occur in the selections are explained by a glossary appended to each. The Italian Reader can with confidence be recommended to students in the language as a safe and sure guide. After mastering it, the Italian poets and other classicists may be approached with confidence."

MILLHOUSE'S NEW ENG-

lish-and-Italian and Italian-and-English Dictionary. With the Pronunciation of the Italian. With many additions, by FERDINAND BRACCIFORTI. 2 vols., 8vo. Half bound, $6.00.

This Italian Dictionary is considered the best which has yet been published. It was prepared by the late John Millhouse, and is acknowledged, by those who have made themselves familiar with the Italian, to excel all that have yet appeared.

ROEMER'S POLYGLOTT

Reader, in the Italian Language; being a Translation of the English Book under that title. 1 vol., 12mo. $1.50.

Ollendorff's Italian Grammars.

PRIMARY LESSONS IN

Learning to Read, Write, and Speak the Italian Language. Introductory to the Larger Grammar. By G. W. GREENE. 18mo. 238 pages. Price, 75 cts.

OLLENDORFF'S NEW METH-

OD of Learning to Read, Write, and Speak the Italian Language. With Additions and Corrections. By E. FELIX FORESTI, LL. D. 12mo. 533 pages. Price, $1.50.

KEY. Separate volume. Price, $1.

In Ollendorff's grammars is for the first time presented a system by which the student can acquire a conversational knowledge of Italian. This will recommend them to practical students; while, at the same time, there is no lack of rules and principles for those who would pursue a systematic grammatical course with the view of translating and writing the language.

Prof. Greene's Introduction should be taken up by youthful classes, for whom it is specially designed, the more difficult parts of the course being left for the larger volume.

The advanced work has been carefully revised by Prof. Foresti, who has made such emendations and additions as the wants of the country required. In many sections the services of an Italian teacher cannot be obtained; the Ollendorff Course and Key will there supply the want of a master in the most satisfactory manner.

From the United States Gazette.

"The system of learning and teaching the living languages by Ollendorff is so superior to all other modes, that in England and on the Continent of Europe, scarcely any other is in use, in well-directed academies and other institutions of learning. To those who feel disposed to cultivate an acquaintance with Italian literature, this work will prove invaluable, abridging, by an immense deal, the period commonly employed in studying the language."

Spanish.

AHN'S SPANISH GRAMMAR; being a New, Practical, and Easy Method of Learning the Spanish Language; after the System of A. F. Ahn, Doctor of Philosophy, and Professor at the College of Neuss. First American edition, revised and enlarged. 12mo. 149 pages. $1.

KEY. 25 cents.

Prof. Ahn's method is one of peculiar excellence, and has met with great success. It has been happily described in his own words: "Learn a foreign language as you learned your mother tongue"—in the same simple manner, and with the same natural gradations. This method of the distinguished German Doctor has been applied in the present instance to the Spanish Language, upon the basis of the excellent Grammars of Lespada and Martinez, and it is hoped that its simplicity and utility will procure for it the favor that its German, French, and Italian prototypes have already found in the Schools and Colleges of Europe.

(DE BELEM) THE SPANISH PHRASE-BOOK; or, Key to Spanish Conversation. Containing the chief Idioms of the Spanish Language, with the Conjugations of the Auxiliary and the Regular Verbs, on the plan of the late Abbé Bossut. By E. M. DE BELEM. 1 vol., 18mo. 37 cents.

DE VERE'S GRAMMAR OF THE SPANISH LANGUAGE. With a History of the Language and Practical Exercises. By M. SCHELE DE VERE. 12mo. 273 pages. Price, $1.50.

In this volume are embodied the results of many years' experience on the part of the author, as Professor of Spanish in the University of Virginia. It aims to impart a critical knowledge of the language by a systematic course of grammar, illustrated with appropriate exercises. The author has availed himself of the labors of recent grammarians and critics: and by condensing his rules and principles, and rejecting a burdensome superfluity of detail, he has brought the whole within a comparatively small compass. By pursuing this simple course, the language may be easily and quickly mastered, not only for conversational purposes, but for reading it fluently and writing it with elegance.

From the Philadelphia Daily News.

"No student of the Castilian dialect should be without this Grammar. It is at once concise and comprehensive—*multum in parvo*—containing nothing that is redundant, yet omitting nothing that is essential to the learner. The conjugations are so admirably arranged as no longer to present that stumbling-block which has frightened so many from the study of one of the richest and most majestic of languages."

BUTLER'S SPANISH TEACHer and Colloquial Phrase-Book: An Easy and Agreeable Method of Acquiring a Speaking Knowledge of the Spanish Language. By Professor BUTLER. 18mo. 293 pages. Price, 60 cts.

The object of the author is to make the Spanish language a living, speaking tongue to the learner; and the method he adopts is that of nature. He begins with the simplest elements, and progressively advances, applying all former acquisitions as he proceeds, until the learner has mastered one of the most perfect languages of modern times.

From the N. Y. Journal of Commerce.

"This is a good book, and well fitted for the purposes for which it is designed. The Spanish language is one of great simplicity, and more easily acquired than any other modern tongue. For a beginner, we recommend this little book, which is small, and designed to be carried in the pocket."

MEADOWS'S SPANISH-AND-ENGLISH DICTIONARY. In Two Parts. I. Spanish-and-English; II. English-and-Spanish. The First Part comprehends all the Spanish Words, with their appropriate Accents, and every Noun with its Gender. The Second Part, with the addition of many new Words, contains all the various Meanings of English Verbs, in Alphabetical Order, all expressed by their correspondent Spanish, in a simple and definite sense. At the end of both Parts is affixed a list of usual Christian and Proper Names, Names of Countries, Nations, etc. By F. C. MEADOWS, M. A. 1 vol., 16mo. $2.

MERCANTILE DICTIONARY: A Complete Vocabulary of the Technicalities of Commercial Correspondence, Names of Articles of Trade, and Marine Terms in English, Spanish, and French. With Geographical Names, Business Letters, and Tables of Abbreviations in Common Use in the three languages. By J DE VIETELLE. 1 vol., 12mo. $2.

Ollendorff's Grammar for Teaching French to Spaniards.

GRAMATICA FRANCESA: Un Método para Aprender á Leer, Escribir y Hablar el Frances, segun el Verdadero Sistema de Ollendorff. Ordenado en Lecciones Progresivas, consistiendo de Ejercicios Orales y Escritos; enriquecido de la Pronunciacion Figurada como se estila en la Conversacion; y de un Apendice, abrazando las Reglas de la Sintaxis, la Formacion de los Verbos Regulares, y la Conjugacion de los Irregulares. Por TEODORO SIMONNE. 12mo. 341 pages. Price, $1.50.

KEY TO EXERCISES. Separate volume. Price, $1.

M. Simonne has done a good work in bringing the French language within the reach of Spaniards by this application of the Ollendorff system. A few weeks' study of his "Gramática Francesa" will impart a knowledge of the more common conversational idioms, and a thorough mastery of it will insure as perfect an acquaintance with French as can be desired. With the aid of the KEY the study can be pursued without a master; for the illustrative exercises at once show whether the grammatical rules and principles successively laid down are properly understood.

ROEMER'S POLYGLOTT READER (IN SPANISH). Translated by SIMON CAMACHO. 1 vol., 12mo. Half bound, $1.50.

KEY TO SAME (IN ENGLISH). 1 vol., 12mo. $1.50.

MORALES'S PROGRESSIVE

SPANISH READER. With an Analytical Study of the Spanish Language. By AGUSTIN JOSÉ MORALES, A. M., H. M., Professor of the Spanish Language and Literature in the New York Free Academy. 12mo. 336 pages. Price, $1.50.

The prose extracts in this volume are preceded by an historical account of the origin and progress of the Spanish Language, and a condensed, scholarlike treatise on its grammar; the poetical selections are introduced with an essay on Spanish versification. Prepared in either case by the preliminary matter thus furnished, bearing directly on his work, the pupil enters intelligently on his task of translating. The extracts are brief, spirited, and entertaining; drawn mainly from writers of the present day, they are a faithful representation of the language as it is now written and spoken. The arrangement is progressive, specimens of a more difficult character being presented as the student becomes able to cope with them.

NEW SPANISH READER.

Consisting of Extracts from the Works of the most approved Authors in Prose and Verse, arranged in Progressive Order. With Notes explanatory of the Idioms and most difficult constructions, and a copious Vocabulary. By M. VELAZQUEZ DE LA CADENA. 12mo. 351 pages. Price, $1.50.

This book, being particularly intended for the use of beginners, has been prepared with three objects in view: first, to furnish learners with pleasing and easy lessons, progressively developing the beauties and difficulties of the Spanish language; secondly, to enrich their minds with valuable knowledge; and thirdly, to form their character, by instilling correct principles into their hearts. In order, therefore, to obtain the desired effects, the extracts have been carefully selected from those classic Spanish writers, both ancient and modern, whose style is generally admitted to be a pattern of elegance, combined with idiomatic purity and sound morality.

OLLENDORFF'S SPANISH

GRAMMAR; A New Method of Learning to Read, Write, and Speak the Spanish Language. With Practical Rules for Spanish Pronunciation, and Models of Social and Commercial Correspondence. By M. VELAZQUEZ and T. SIMONNE. 12mo. 560 pages. Price, $1.50.

KEY TO THE SAME. Separate volume. Price, $1.

The admirable system introduced by Ollendorff is applied in this volume to the Spanish language. Having received, from the two distinguished editors to whom its supervision was intrusted, corrections, emendations, and additions, which specially adapt it to the youth of this country, it is believed to embrace every possible advantage for imparting a thorough and practical knowledge of Spanish. A course of systematic grammar underlies the whole; but its development is so gradual and inductive as not to weary the learner. Numerous examples of regular and irregular verbs are presented; and nothing that can expedite the pupil's progress, in the way of explanation and illustration, is omitted.

From the Republic.

"It contains the best rules we have ever yet seen for learning a living language. It leads the student on, by almost imperceptible steps, from the simplest principles to the most recondite and complex combinations of grammatical constructions; and the parts are so arranged as to render every thing subservient to that which should be the chief point of view, the great object of ambition, viz., use, speech, conversation. Every part of speech, every simple and compound sentence, is so analyzed, so illustrated by explanatory dialogues, that it is impossible to open the book at any page without acquiring some valuable information capable of advancing the student in his progress as a linguist."

From the N. Y. Courier and Enquirer.

"The editors of this work are widely known as accomplished scholars and distinguished teachers, and the book derives still higher authority from their connection with it. We commend it with great confidence to all who desire to become acquainted with the Castilian tongue."

AN EASY INTRODUCTION

TO SPANISH CONVERSATION. By M. VELAZQUEZ DE LA CADENA. 18mo. 100 pages. Price, 50 cents.

This little work contains all that is necessary for making rapid progress in Spanish conversation. It is well adapted for schools, and for persons who have little time to study, or are their own instructors.

ELEMENTARY SPANISH

READER. By M. F. TOLON. 12mo. 156 pages. Price, $1.

This is one of the best elementary Spanish Readers, not only for the purposes of self-instruction, but also as a class-book for schools, that has ever been published. The contents are varied in style, including didactic, descriptive, colloquial, historical, and poetical extracts, drawn from the purest and most meritorious writers. The orthography conforms to that established by the Royal Academy. A full Vocabulary of all the words employed is appended, rendering a larger dictionary unnecessary.

STANDARD PRONOUNCING

SPANISH DICTIONARY: An Abridgment of Velazquez's Large Dictionary, intended for Schools, Colleges, and Travellers. In Two Parts. I. Spanish-English; II. English-Spanish. By MARIANO VELAZQUEZ DE LA CADENA. 12mo. 888 pages. Price, $1.75.

In making this abridgment from the octavo edition, the author has constantly kept in view the wants of classes beginning the study of Spanish. By rejecting all obsolete words, unusual phrases, and exclusively scientific terms, as well as other superfluous matter, he has found room for everything likely to be needed by the ordinary pupil or the traveller, who would find it inconvenient to use the larger work. The fine typography, scholarly arrangement, and remarkable correctness of this Abridgment, have made it the acknowledged standard school dictionary of the Spanish language.

SEOANE'S NEUMAN AND

BARETTI'S Spanish-and-English, and English-and-Spanish Pronouncing Dictionary. By MARIANO VELAZQUEZ DE LA CADENA, Professor of the Spanish Language and Literature in Columbia College, N. Y., and Corresponding Member of the National Institute, Washington. Large 8vo. 1,300 pages. Neat type, fine paper, and strong binding. Price, $6.00.

The pronunciation of the Castilian language is so clearly set forth in this Dictionary, as to render it well-nigh impossible for any person who can read English readily to fail in obtaining the true sounds of the Spanish words at sight.

In the revision of the work, more than eight thousand words, idioms, and familiar phrases have been added.

It gives in both languages the exact equivalents of the words in general use, both in their literal and metaphorical acceptations.

Also, the technical terms most frequently used in the arts, in chemistry, botany, medicine, and natural history, as well as nautical and mercantile terms and phrases—most of which are not found in other Dictionaries.

Also many Spanish words used only in American countries which were formerly dependencies of Spain.

The names of many important articles of commerce, gleaned from the prices-current of Spanish and South American cities, are inserted for the benefit of the merchant, who will here find all that he needs for carrying on a business correspondence.

The parts of the irregular verbs in Spanish and English are here, for the first time, given in full, in their alphabetical order.

The work likewise contains a grammatical synopsis of both languages, arranged for ready and convenient reference.

The new and improved orthography sanctioned by the latest edition of the Dictionary of the Academy—now universally adopted by the press—is here given for the first time in a Spanish-and-English Dictionary.

Ollendorff's Grammar for Teaching English to Spaniards.

GRAMATICA INGLESA: Un Método para Aprender á Leer, Escribir y Hablar el Inglés, segun el Sistema de Ollendorff. Acompañado de un Apéndice que comprende en Compendio las Reglas contenidas en el cuerpo principal de la obra; un Tratado Sobre la Pronunciacion, Division y Formacion de las Palabras Inglesas; una Lista de los Verbos Regulares é Irregulares, con sus Conjugaciones y las distantas Preposiciones que Rigen; Modelos de Correspondencia, etc., todo al alcance de la capacidad mas mediana. Por RAMON PALENZUELA y JUAN DE LA C. CARREÑO. 12mo. 457 pages. Price, $1.50.

KEY TO EXERCISES. Separate volume. Price, $1.

Spaniards desirous of learning English will find in this volume all that is needed for its speedy and thorough acquisition. The system adopted is clear, simple, philosophical and practical. It is essentially the system of the popular Ollendorff series; accompanied with a full grammatical course, a treatise on English pronunciation, a list of the irregular verbs, models of correspondence, and other matters which, as the experience of Señores Palenzuela and Carreño has shown them, aid in removing the difficulties that have heretofore impeded and discouraged the Spanish learner.

TORNOS'S COMBINED SPANISH METHOD: A New, Practical, and Theoretical System of Learning the Castilian Language, embracing the most advantageous features of the best-known Methods. With a Pronouncing Vocabulary, containing all the Words used in the course of the Work; and References to the Lessons, in which each one is explained, thus enabling any one to be his own instructor. By ALBERTO DE TORNOS, A. M., formerly Director of Normal Schools in Spain. 1 vol., 12mo. 470 pages. Price, $1.75.

"This volume is the result of the experience of twenty years as a teacher of the Spanish tongue. All the good features of the various methods which have been published within the last 100 years have been studiously examined, with the view of presenting to the public a theoretical and practical grammar, which the author now presents under the title of the COMBINED SPANISH METHOD."

D. Appleton & Co. also publish:—

BELLO (D. ANDRES). Compendio de la Gramática Castellana. 1 vol., 18mo. Price, 50 cents.

CERVANTES. El Ingenioso Hidalgo Don Quijote de la Mancha, segun el texto corregido y anotado por el Sr. Ochoa. 1 vol. 695 pages. 12mo. Price, $1.50.

DE MARCHENA (A. R.) Compendio de la Historia Antigua. 1 vol., 18mo. Price, 75 cts.

ELEMENTOS DE QUÍMICA; Para uso de los Colegios y Escuelas. Por Eduardo L. Youmans, D. M. Traducido de la última edicion Inglesa, por Marco A. Rojas, D. M. 1 vol., 12mo. Price, $2.

ELEMENTOS DE HISTORIA UNIVERSAL, paro uso de las Escuelas Suramericanas. 1 vol., 8vo. Cloth. Price, $2.50.

NUEVA BIBLIOTECA DE LA RISA, por una Sociedad de Literatos de Buen Humor. 1 vol., 12mo. Cloth. Price, $1.50.

Portuguese.

A NEW METHOD OF LEARNING THE PORTUGUESE LANGUAGE. By E. J. GRAUERT. 12mo. $2.00.

www.ingramcontent.com/pod-product-compliance
Lightning Source LLC
LaVergne TN
LVHW011224110826
845150LV00006B/1538

* 9 7 8 1 4 2 5 5 1 6 0 7 9 *